集英社インターナショナル

エクソシストは語る

——エクソシズムの真実

はじめに

エクソシズムはカトリック教会の伝統的な儀式です。単なる魔術的、オカルト的な時代錯誤なものではないことを、初めにきちんとお伝えしておきたいと思います。

私は、かつて大学・大学院で応用化学を学び、化学メーカーにエンジニアとして勤務していました。そうした経験から、科学技術の有用性を肌で実感しつつも、人間の真の幸せにとっては科学が万能ではないと感じていました。真の人間の救いは物的・霊的両面が伴ってしかるべきであろうとずっと考えていたのです。

特に、物的には豊かな現代日本人にとって霊的、精神的な飢え渇き、特に混乱や深い苦悩というものとどのように向き合うべきなのかという問いは幼い頃からの関心事であり続けました。

そのような中で、私はカトリック教会が古来行ってきた、人々の霊的、精神的な救いのための古い伝統である祓魔式(ふつましき)に関心を持つに至りました。それゆえ、決して心霊現象やオカルト的関心から悪魔祓(ばら)いや悪魔・悪霊に関心を持ったわけではないことを明言しておきます。

現在、エクソシストはイタリアだけでも約三〇〇人、全世界では一〇〇〇人単位でいると思われますが、日本で正式に任命されて活動したエクソシストは、おそらく私が唯一のはずです。

私がエクソシストとして活動していたのは、二〇一六～一七年の二年間です。

エクソシストは司祭以上の聖職者にのみ許された職務であり、その任務は、悪魔や悪霊の働きに苛(さいな)

まれる人々を神への信仰のもとで解放されるよう祈ることです。人々の苦悩に寄り添い、よりよい解決に導くという現実的な面での働きはエクソシストでなくてもできるとしても、エクソシストには、こうした人々が抱える問題の根底にあるものを識別する働きが求められます。

悪魔による憑依現象は現代ではそのほとんどが精神的な疾患と判断されますが、それでも教会は人や場所への悪魔の憑依を認めています。ではなぜ憑依が起こるのか？　その理由は定かでなく、必ずしも当事者の善悪に左右されるとは言えません。ただ、慈しみと愛、真理と正義に支えられた真の平安を生きる謙遜な心が薄れ、傲慢や強欲による不正、あるいは絶望や悲しみに支配される状況に、悪魔が入り込むきっかけがあると言えるかもしれません。

エクソシストという役務は古代教会からあったといわれていますが、正式に制度化されたのは四一六年の教皇インノケンティウス一世の教令からです。

現在でも、洗礼の際に「小エクソシズム」と呼ばれる悪魔の働きを退ける儀式があり、洗礼志願者は信仰宣言する前に、「私は悪霊とその働きを退けます」という宣誓をします。それに立ち会う教会の役務者もエクソシストと呼ばれていました。それはかつての聖職者の役務の一つでごく最近までカトリック教会の制度として存在していましたが、現在は廃止されています。それと区別するため、悪魔祓いをおこなうエクソシストを「大祓魔師」と呼ぶことがあります。

悪魔祓いの儀式は教会の公的な祈りと信仰のうちに行われます。儀式を行う司祭は、エクソシズムの儀式書の指示に従って、首に紫色のストラを掛け、諸聖人にとりなしを祈り、詩編の祈りを唱え、福音書の朗読をします。その後、聖水を振りかける灌水、キリストが教えた祈り（主の祈り）、教会の信仰宣言を行い、さらに十字架の顕示、頭の上に手を置いて祈る按手などを行います。その後、

「神への嘆願」と「悪魔への命令」からなるエクソシズムの祈りを行います。儀式が成功した場合は感謝の祈りを捧げます。

儀式は一度で終わる場合もあれば、数年にわたって続く場合もあります。また土地や建物などに悪霊の働きが認められた際のエクソシズムの儀式もあります。

エクソシズムについて学び、理解を深めることは、何も恐ろしいことでもなければ、オカルト的な考えに導かれることでもありません。逆説的ですが、神の愛に支えられた聖なる生活を深めるためには、どうしても悪を正しく認識する力が必要です。教会において聖霊の働きを大切にすることと、悪魔の働きから守られるように祈ることとは、実は表裏一体の関係なのです。

エクソシストは、何も特別な存在ではなく、信仰、特にキリストの慈しみと愛をもって、苦悩する人々に寄り添い、悪を退け、神に救いを嘆願して祈る、教会の聖職者らしい姿が示される任務のひとつだと言えます。人々の苦しみや悲しみを分かち合える存在、そして共に祈り、信仰による救い、辛く苦しい人生でも何とか生き抜けるよう、生きる喜びに導く存在としてエクソシストは理解されるべきだと考えています。

なお、本書でご紹介しているエピソードは、私が実際に体験したこと、あるいは直接に見聞きしたことに基づいていますが、個人や団体への配慮から個人や団体の情報が特定されるような内容は一部、事実と異なる内容、表現に改めてあります。

二〇二五年二月吉日

カトリック東京大司教区司祭　田中昇（たなかのぼる）

はじめに　3

第一部　エクソシストは語る　13

第一章　私が執行した悪魔祓いの儀式　14

ある教会にやって来た男性／祈りはじめると急に様子がおかしくなって／「エクソシズムの執行許可を出してください」／エクソシストの必要条件／教区内に「適任者」がいないケース／豹変／動物的な唸り声／悪魔祓いに関連した「事件」／その「別人格」が口にした言葉／悪魔憑きの識別要件／エクソシスト映画で描かれる姿そのもの／霊能者とエクソシスト／普通なら絶対にしない質問／精神科医が下した結論／抑えつけたい「何か」／悪魔に名前を聞く理由／ポルターガイストは存在するか／臨終に立ち会った際の不思議な体験／前世を記憶している人たち／カトリックにおける秘跡と準秘跡／彼の「その後」

第二章　その人が口にした「悪魔の名前」　46

教皇ヨハネ・パウロ二世の悪魔祓い／「私には悪魔を祓えません」／イエズス会士M神父の恐怖体験／明治一三年の悪魔憑き事件／サイエンスと宗教／「悪魔が言っている」／忌まわしい過去／許可なく行われた儀式の有効性／精神疾患の患者にとっての「儀式のリスク」／医師が悪魔祓いの儀式に関わったケース／実効性のある相談システムを作れないか／バチカン大使館から回ってきた案件／教会に寄せられる「悪魔憑き相談」の中身／精神科病棟からの電話／フランス語を突然語り始めた女性／エクソシストは病気を治せない／アスモデウスでもなく、ベルゼブルでもなく／「原因が悪魔であれば話は簡単だ」

第三章　リアルエクソシスト　74

「悪魔は実在する」／ローマでのエクソシスト養成講座の開始／人格的な力を持つ悪魔／洗礼式とエクソシズムはワンセット／教皇たちの発言／悪魔を否定することは、聖書そのものを否定すること／悪魔憑きか、精神疾患か／日本のカトリック教会は沈黙／悪魔祓いについての唯一の論文／儀式書はなぜ、四〇〇年ぶりに改訂されたのか／第二バチカン公会議後の典礼刷新／ローマで出会ったエクソシストたち／教皇庁立大学のエクソシスト養成講座／エクソシストの公式ライセンスは存在しない／エクソシストの任務／儀式の執行者として選ばれる際の覚悟／「期限付き」のエクソシスト／からし種一粒の信仰さえあれば

第四章　エクソシズムの歴史と詳細　108

エクソシズムの役割／エクソシズムの語源／悪魔に取り憑かれた者と洗礼を受けていない者は同じか？／エクソシズムの確立時期／エクソシストの歴史／異端審問と魔女狩り／正式なエクソシズムを行うための要素／新旧の儀式書の比較／悪魔祓いにおける聖水、聖香油、塩／十字架のしるし／聖ベネディクトのメダイ／エクソシズムと精神医学／憑依現象と精神疾患との関係性

✚エクソシズムの式文［訳例］　150

第五章　悪魔とはいかなる存在か　168

旧約聖書には悪魔憑きのエピソードは存在しない／悪魔がイエスの命令に従

う理由／イエスはなぜ信仰を強要しなかったのか／神に反逆した天使たち／悪霊とは／聖書にみる悪魔／聖書外典文書はどう描いているのか／悪霊の働きとは人間の自由意志を奪うこと／七つの罪源／悪魔の姿は人には見えない／儀式書における「悪魔」／エクソシストは悪魔に憑かれるのか／悪魔に憑かれやすい人とは／悪魔に存在意義はあるか／神学的洞察がまだ深められていないテーマ／エクソシズムで祓われた悪魔はどこへ行くのか／「地獄はある。しかし、そこには誰もいないかもしれない」／悪魔に投げかけた慈しみの言葉

第二部 エクソシストの召命 201

第六章 召命 202
曽祖父の讃美歌／絵画・音楽・仏教／「これからは科学の時代だ」／教会堂

の本当の姿／宗教全般に対する不信感／「あなた方の信仰は、五〇〇円か？」／「この人は本物だ」／洗礼を受けたらお墓はどうなるのか？／カトリック信者の五つの掟／ゴッドファーザーの言葉／大企業とホームレス／五島列島の教会／「これがキリシタンの精神か」／イエズス会士K神父との出会い／司祭職への挑戦／手が震えて、うまく字が書けない／当然賛成してくれると思っていたけれど／胸に刻まれているふたつの言葉／「まずはまともなものを食べることを学びなさい」／それはもう天啓だ

第七章　神学校、そしてローマ　234

神学校一年目／神学校を去っていく仲間たち／知識をぎちぎちに詰め込むような学習／「この人はいったいどうなっているんだ？」／分かち合えない相手／「来年からローマに留学してもらいます」／「何とかなるか、ではなくて、何とかするんです」／「私たちを手伝わないでください」／教皇庁立ウルバノ大学／芸は身を助く／「キリスト教国って、こんな世界なのか？」／衝突事故の現場で／横っ面に張り手をくらったほどの衝撃／私が初めて見たローマ教皇／「どこの組織にも面倒はありますよ」

終章　キリスト教は今、本物かどうか問われている　264
救われざる人たち／教会の本来の姿を取り戻せ／教会裁判所の裁判官として／特定行政書士資格を取った理由／某ミッションスクールでは／次に教会に来るのは、結婚式か葬式か／多くの信者が行方不明／宣教の失敗／ガリレオ裁判の過ち――教会の政治や科学への過度の介入／『ボストン・グローブ』紙のスクープ／聖職者の「悪魔的所業」／教会は忠実にキリストから託された任務を果たしているか／「本物は残る」「偽物は滅びる」／真の人間の癒やしとは
おわりに　292

装丁・本文デザイン　大森裕二
写真　河村圭一
編集協力　布川　剛

第一部

エクソシストは語る

第一章

私が執行した悪魔祓いの儀式

ある教会にやって来た男性

私が初めてエクソシストに任命されたのは二〇一六年のことです。任命者は日本のとある教区の司教で、任命書には「ヨハネ田中昇神父を祓魔師(ふつまし)(エクソシスト)に任命する……」という内容が日本語で書かれていました。

ことの経緯はこうです。

あるとき、この教区のとある教会に、ひとりの男性がその両親と共にやって来ました。年の頃は三〇歳前後です。

「私たちの息子に何か精神的な異変が起きています。どうか助けてください」

彼らはそう訴えました。具体的には、特に理由もないのに精神的に混乱してしまうことが時折あるという話でした。精神科を受診して治療を受けたものの、まるでよくならない。彼らはそうも言いました。

「この人は精神疾患だな」とすぐに分かる人が教会に来ることは、よくあります。しかし、その男性の表情、言葉、ふるまい、身なりには、一見してそうした病気を思わせるものは何もありませんでした。

その教会の神父――仮にP神父とします――は、ひととおり話を聞いたあと、彼らの自宅を訪ねました。まずは生活の場を見せてもらって、さらに詳しい話を聞き、しかるのちに具体的なアドバイスをしようと考えたわけです

その男性は当時、両親と同居していました。特に何の問題もない家庭だと、P神父は見て取りました。その後もP神父は彼の自宅を訪ね、面談を重ねました。

ところがあるとき祈りはじめると、彼の様子が突然おかしくなり唸(うな)るような声を出したのです。声色(こわいろ)もそれまでとはまったく違います。さらに彼は体をこわばらせ叫びながら、わけの分からない言葉をあれこれ口にしました。

P神父は、そのときはもちろん驚いたものの、「精神疾患の症状だろう」と判断しました。つまり、その段階ではエクソシズムが必要だとは思っていなかったのです。

祈りはじめると急に様子がおかしくなって

ところが、次にP神父が彼の家を訪ねたとき、一階で聖水を撒(ま)いて祈っていると、二階にいた彼がまたも叫び出しました。

聖水というのはその場に撒くだけではなく、人の体にも振りかけます。体に聖水をかけられたのな

ら少しは取り乱した可能性もあったかもしれません。しかし、このとき彼は直接、聖水を振りかけられてはいません。聖水を撒くP神父の姿さえ見ていません。にもかかわらず挙動がおかしくなり叫び始めたのです。

その後、両親と一緒に教会へ来てもらって祈り始めたときも、やはり彼の様子は様変わりしました。ふたたび叫び始め、わけの分からないことを口走り出したのです。

その段階においても、P神父はまだ「彼は精神疾患だろう」との考えを捨ててはいませんでしたが、同時に「何らかの霊的な問題もあるかもしれない」という懸念も抱き始めていました。

普段の彼は、いたって普通です。心を病んでいるような顔つきではありません。しかし、聖水や祈りによって普通ではない状態になってしまう。

「そんなことはないだろうと思うけれども、もしかすると彼には悪魔が憑いているのかもしれない」

と考えたP神父は、教区長である司教に相談しました。

「私の教会に来た男性の様子が、明らかにおかしいのです」

「おそらく病気なのだろうと思います。実際、彼は精神科で治療を受けているそうです」

「しかし、精神科の治療が有効ではないようです。それに祈りを始めると急に様子がおかしくなって叫び出すのです。万が一ということもあるでしょう。悪魔祓いの儀式を執行したほうがよいのではないでしょうか」

P神父が言ったのは、おおむねそういうことでした。

「エクソシズムの執行許可を出してください」

これを受けてその教区――仮にC教区とします――の司教秘書の司祭が、私に電話をかけてきました。

「田中神父さんはどう思いますか」と聞かれたのですが、正直、悪魔に憑かれているかどうかには疑いがありました。しかし、少なくとも、何かしら異常なことが起きているのは確かです。

その男性が悪魔憑きなのかどうか、電話で聞いた話だけでは判断できません。そのとき私が司教秘書の司祭に言ったのは、「ともかく対象者である男性と会って話をしてみましょう」ということでした。もうひとつ、「万が一のことを考えて、事前に祓魔式（エクソシズム）の執行許可を出していただけませんか」とお願いもしました。対象者の男性に会ったとき「この場ですぐにでも悪魔祓いが必要だ」という事態にならないとも限りませんから、前もってエクソシストとしての任命をお願いしたわけです。

そのときの任命書には「この案件について、エクソシズムの儀式の執行権限を与える」という一文があり、有効期限の記載はありませんでした。すなわち「解決の見通しが立つまでP神父と共に対象者に関わってください」ということでした。

読者のみなさんの中には、「司教はなぜ、自分で悪魔祓いの儀式について直接判断をくださなかったのか?」と疑問を覚えた人もいるだろうと思います。あるいは、「そもそも、最初に相談を受けたP神父が儀式を執行すればよかったのでは?」と思った人もいるかもしれません。

彼らはなぜ、自分で儀式を行わなかったのか。その理由をひとことで言えば、司教もP神父も、エクソシズムについて詳しくなく、どう対処すればよいか分らなかったからです。

エクソシストの必要条件

P神父は当時すでに七〇歳を超える大ベテランの司祭で、イタリアの宣教会で要職を務めた立派な方です。しかし彼は、エクソシズムには詳しくありませんでした。司教も私よりずっと年長でしたが、彼もやはりエクソシズムについてはよく知りませんでした。

一方の私は、神学生時代にエクソシズムをテーマにした論文を書いています。儀式書の翻訳もしましたから、儀式の手順などは頭に入っています。神学校卒業後に留学したローマでは実際に何人かのエクソシストに会い、体験談を聞きましたし、留学中にエクソシストの養成講座も受講しています。こうした履歴のある現役の司祭は、当時の日本では私だけでした。今でもそうかもしれません。

話は少し逸れますが、カトリック教会の聖職者には位階があります。いちばん下は「助祭」という奉仕職で、その上が「司祭」です。司祭の中からバチカンによって選ばれた「司教」は各教区の長を務めます。さらに全世界の司祭や司教から選ばれた「枢機卿」は、教会のトップであるローマ教皇を補佐します。大雑把に言えば、カトリック教会にはそういう形のヒエラルキーが組まれています。

悪魔祓いの儀式を執行できるのは、司祭以上の位階にいる人です。司祭以上というのは必要最低条件で、「敬虔さ、知識、慎重さを持ち、人生を純潔に送り、さらに、この務めに関して特別に準備を重ねた聖職者」が悪魔祓いの役務者にふさわしいと儀式書には書かれています。

司祭が悪魔祓いをするときには、クリアしなければならない条件がもうひとつあります。それは司教の許可です。司祭が悪魔祓いをするときは、儀式が行われる教区の司教から許可を得なければならない――ということがカトリック教会が定めた教会の内部規範である教会法の一一七二条に定められているのです。

教区内に「適任者」がいないケース

たとえば私は、東京教区に所属する司祭です。したがって、東京教区で悪魔祓いの儀式を行うときは、東京教区の司教の許可を得なければいけません。他の教区に出張して儀式を行うときは、その教区の司教の許可が必要です。

司教自身が悪魔祓いをすることも、むろん可能です。司教によるエクソシズムは、その人の教区内であれば誰の許可も要りません。たとえば東京教区の司教であれば、管轄する教区は東京都と千葉県ですので、都内、もしくは千葉県内では自由に儀式を執行できるわけです。あるいはローマ教皇であれば、世界中のどこであれ、自分の意思ひとつで自由に悪魔祓いを行うことができます。実際、教皇ヨハネ・パウロ二世はその在任中に三度、自らエクソシストとして悪魔祓いの儀式を行っています。

とはいえ、悪魔祓いに詳しい聖職者は、全世界的に見ても少数派です。実際に儀式を執行した経験者となると、なおのこと少ない。

「私は悪魔に取り憑かれてしまいました。何とかしてください」

そう訴える人に対して、司祭はまず話をよく聞かなければいけません。話を聞いて「これは悪魔祓いの儀式を行う必要がある」と判断したときは、司教の許可を取った上で、粛々と儀式を執行すればいい。話はごくシンプルです。

しかし、そういうシンプルなケースは稀で、悪魔憑きが疑われる人が教会に来たときは、「さて誰に相談しようか」という話になることがほとんどです。C教区の案件はまさにこれで、教区内に適任者がいなかったため、東京教区の私に依頼が来たわけです。

豹変

私が対象者の男性と初めて面談したのは、暑い真夏の陽気の日でした。場所はP神父の教会です。その男性の両親にも来てもらって、教会の一般的な面談と同じように「はじめまして、お名前は、いつ頃からどのような状態ですか」という質問から始めました。

悪魔祓いを求める人に対して、いきなり儀式を始めることはまずありません。任命書にも「ただちにエクソシズムを執行せよ」などという文言はありませんから、とりあえず話を聞きながら相手の様子を見たわけです。

彼との面談でまず感じたのは、「外見には特におかしなところはない」ということでした。服装も髪型も、目つき、表情、身体にも、一見しておかしなところはいっさいありません。背筋も伸び、物静かで礼儀正しい様子です。あれこれ対話を続けていく中でも、やはり特段「変だ」と感じることはありませんでした。むしろ「この人はとても聡明な人だな」と、話をしながら何度も感じました。年齢は聞きませんでしたが、前述したとおり、三〇歳前後という印象です。

面談が終わったあと、「まずはお祈りをしましょうか」と私は言って、アヴェ・マリアの祈りを始めました。アヴェ・マリアの祈りというのは、聖母マリアへの一般的な祈りです。このときも彼はごく普通の様子でした。

アヴェ・マリアの祈りのあと、悪魔祓いの儀式書にある式文をいくつかピックアップして祈りました。これもまた様子見です。彼にはあらかじめ「本格的な儀式をするかどうかは日を改めて」と伝えていました。「今日は簡単なリハーサルのようなもので、本番は次回」というわけです。

ところが、儀式書の中にある祈りを始めた直後、彼は豹変(ひょうへん)しました。

動物的な唸り声

動作としてまず現れたのは、髪の毛をかきむしるという行為です。「あっ」と思って顔を見ると、目つきが明らかにおかしくなっています。

やがて彼は唸り声を上げ始めました。面談の初めのときとはまるで違う、動物的な声です。もちろん私は驚きましたが、動揺を見せれば悪魔の思うつぼです。淡々と祈りを続けました。しかし、彼はさらにおかしくなっていって、激しく体を動かし仰反(のけぞ)るような姿勢を見せながら、繰り返し白目を剥(む)きました。

「これは確かにP神父の言うとおりだ。この人は悪魔に憑かれているかもしれない」

そう思いました。

彼はやがて、汚い言葉をあれこれ口にし始めました。人を罵倒(ばとう)する言葉、人を汚(けが)すような言葉、あるいは人を小馬鹿にするような言葉がどんどん出てくる。話し方もそれまでの折り目正しい感じから一八〇度変わりました。

もうひとつ、彼が言ったのは、「俺はこの男の体を乗っ取っている」ということです。

つまり、別人格が現れていた。その上で「天使はこう言っている」とか「おまえらがそんな儀式をやっても意味はねえんだぞ」といった言葉を口にするのです。そして急に英語のスラングがペラペラと出ることも。

しかし、こちらからはあえて何も言いませんでした。「悪魔に取り憑かれた人には、不必要な興味から質問をしてはいけない」と儀式書に指示がありますから、その教えに従って淡々と祈りを続けました。

悪魔祓いに関連した「事件」

彼と対面していたのは、イエスの十字架像が壁にかけられてある比較的広い教会の応接室でした。聖堂だと一般の信者さんに目撃される恐れがあるため、人目につきにくい場所を選んだわけです。P神父にはアシストについてもらい、彼の両親には別室で待機してもらいました。

悪魔祓いの儀式では、アシストをする人が必須とされています。アシスト役を務めるのは聖職者がベストですが、それがどうしても無理なら、信頼の置ける修道者あるいは信徒に代役を頼んでもよいとされています。いずれにしても、司祭ひとりで悪魔祓いの儀式を執行するのは不適切とされています。

いちばんの目的は、教会を代表して共に祈ることですが、実務上の第一の目的は、判断ミスを減らすことです。長時間にわたって対象者と向き合っていれば、ときには判断を誤る危険があります。ほんの小さな判断ミスでも、その人を悪い方向に変えてしまう恐れもあります。アシスト役がいれば対象者を総合的、客観的に見ていくことができるためその危険度が下がります。

もうひとつ、第三者の立ち合いがあれば儀式の透明性が高まるという効果もあります。

近年は、悪魔祓いに関連した「事件」がいくつも起きています。海外の事例が多いのですが、日本でも宗教者が悪魔祓いと称して対象者の女性を執拗（しつよう）に触ったとか、必要もないのに服を脱がせたとか、あるいは「悪魔を追い出す」という名目で暴行を加えたとか、挙句の果てに相手を死なせてしまった――といった事件が、残念ながら起きています。こうしたことを未然に防ぐために、あるいは聖職者があらぬ疑いをかけられないためにも、カトリックの儀式ではアシスト役が必須とされているのです。

そもそも、儀式に与（あずか）る人は何かしらの精神的混乱が起きているわけですから、儀式を受けるということ自体、精神的に圧迫されるように感じることでしょう。そういう意味ではアシストの存在は儀式を受ける人側のサポートでもあるのです。

可能であれば家族や親族に立ち会ってもらうべきだともされています。これは、家族がいれば「今言っていることは何ですか」とか、逆に「この方の過去にこういうことはありましたか」と、その場で確認できる利点があります。人となりや来歴などの情報を事前にすべて知ることは難しいですから、本当に悪魔が憑いているのか、それともその人が過去のトラウマを話しているのか、その場に身近な人がいてくれると判断がつきやすくなります。

このときも、今しがた述べたとおり、教会にはご両親も来ていて、別室で待機してもらっていました。ただ、親の前では話しにくいこともあるかもしれないので、まずはご両親のいないところで話を聞いたわけです。ところが、思いがけず彼は豹変してしまった。体の動きもだんだんと激しくなっていきました。

そこで、試験的な儀式の最初のセッションが終わった時点で、両親にも儀式に立ち会ってもらうことにしました。彼の体の動きがいよいよ激しくなってきたら、お父さんとお母さんに押さえてもらおうと思ったのです。

その「別人格」が口にした言葉

儀式を再開して祈り始めると、彼の様子はまたもおかしくなりました。声色が変わり、わけの分からないことを次々と口にしました。体をよじらせたり、目の前のテーブルに突っ伏したりしました。悪魔なのか悪霊なのかよく分からない別人格は、このときにふいに生活の不満も口にしました。たとえばそれは、「風呂の湯が汚ねえ」とか「メシがまずい」といったことです。生活上の不満は他にもいくつかあったと思います。

どうもおかしな話だな。そう思いました。繰り返しになりますが、彼は一見きちんとした人です。外見や言葉遣い、あるいは身なりや佇(たたず)まいに異常なところはいっさいありません。むしろ紳士的で上品な雰囲気さえ感じました。それはご両親も同じです。

たとえそういう家族でも、ひとつ屋根の下に暮らしている以上は、互いに何かしらの不満を抱くことはあるでしょう。しかし少なくとも「風呂の湯が汚い」という不満がこの男性から出るような家庭ではないはずだと、私には感じられたのです。

この問題については、儀式が終わったあとにご両親に聞いてみました。

「失礼ながら伺いますが、食事がまずいとか、風呂の湯が汚いという息子さんの言葉に、何か心あたりはありますか？」

答えは「ノー」でした。「心あたりはまったくありません」「息子がそんな不満を抱いているとは、とても思えません」と、お父さんもお母さんも口を揃えて明言しました。それはまず間違いなく本当だろうと、私には感じられました。

儀式のさなか、彼は、体の痛みを繰り返し訴えました。ここが痛い。あそこが痛い。ここを蹴られている。ここを責められている。そうしたことを苦しげに訴えたのです。

体の痛みについては、「聖水の効果かな」とまず思いました。聖水を振りかけると、普通、悪魔は苦しむと言われています。それは燃えるような苦しみだ、という言い伝えがカトリック教会にあります。ですから「聖水が効いたのかもしれない」と思ったのですが、聖水と痛みはどうも関係はなさそうでした。

だったら、これはどういうことなのか。考えてみましたが、そのときは分かりませんでした。

悪魔憑きの識別要件

ここで聖水について少し説明しておくと、聖水は普通の水を祝別（しゅくべつ）して作ります。祝別とは、人や物を神様のものとして捧げるために祝福する、つまり祈ることです。聖水の「原料」は水道水でもかまいません。何もフランスまで行って、聖地であるルルドの泉から汲んでくる必要はありません。

私は伝統的な作り方をしていて、まず塩を祝福し、塩を入れながら水を祝福して、聖水を作っています。ちなみに多くの教会では、聖水は復活徹夜祭の中で祝別して一年分作ってしまいます。量にするとだいたいバケツ一杯分くらいでしょうか。それを瓶詰にして教会の聖堂の香部屋、つまり祭器室に置いておいて必要なときに使います。

念のために付け加えておくと、聖水を撒くのは一般的な祝福の祈りなどでも行われる所作です。エクソシスト映画の影響で、聖水を撒くのは悪魔祓いのような特殊な行為だと思っている人もいるようですが、それは誤解です。

やがて儀式書にある主だった祈りが終わりました。「どうしましょうか」と、P神父に声をかけました。すでに結構な時間が過ぎていて、私もP神父もかなり疲れていました。

とはいえ、彼の錯乱状態はまだ続いています。そうである以上、儀式を終わらせるわけにはいきません。ですから私はなおも祈りを続けたのですが、祈りのさなか、P神父は彼にそっと十字架を握らせました。

普通、悪魔祓いの儀式の中では十字架の顕示はします。しかし、「対象者に十字架を持たせなさい」とは、儀式書に書かれていません。

P神父は、対象者の心が穏やかになることを願って十字架を持たせたのでしょう。「そういう配慮は大切だな」と、そのとき私は思ったのですが、しばらくして「あれっ？」と気がつきました。彼は十字架を嫌がっていないのです。

儀式書には、悪魔憑きの識別要件がいくつか示されています。そのひとつに「神聖な言葉、神聖なシンボルに対する激しい嫌悪」があります。本当に悪魔が憑いているのなら、十字架をひどく嫌がるはずです。しかし、彼は特に取り乱すことなく、十字架を手にしていました。

「もしかしたらこの十字架は効き目がないのか？」「祝福されていないのか？」あるいは「悪魔の演技か？」

一瞬そう考えました。カトリック教会では祈りのために使用する十字架は最初に司祭が祝福することになっています。しかし、十字架はキリストの贖い(あがない)の死を象徴するシンボルです。キリスト教においては、神を信じるものはイエスの十字架上の死によって罪から救われると教えられています。つまりその形状自体に神聖な意味があるものですから、万が一、祝福されていないとしても、個々の十字架によって効果が変わるなどということはありません。

つまり、「神聖なシンボルに対する激しい嫌悪」という悪魔の識別要件は、このときの彼には当てはまらなかったわけです。

悪魔憑きについて、その他の識別要件には、以下のようなことがあります。

「多くの未知の言葉を流暢(りゅうちょう)に話す」
「本人の知らない言葉を用いた会話の内容を理解する」
「離れた場所にあるものや、隠れているものを言い当てる」
「年齢あるいは身体的条件が備え持つ自然本性(ほんせい)の能力を上回る力を発揮する」

まず「未知の言語を話す」という要件ですが、彼には海外暮らしの経験があって、英語とフランス語が話せました。しかし、儀式のさなかに、このふたつの外国語以外は口にしていません。

儀式の祈りはラテン語です。本当に悪魔が憑いているのなら、それぞれのラテン語の祈りに対抗してラテン語で何か言い返してもよさそうなものですが、個別のラテン語の祈りに対する反応もいっさいありませんでした。まして聖書の言語として知られるヘブライ語やギリシア語といった、彼にとって未知の言語を話すこともありませんでした。

エクソシスト映画で描かれる姿そのもの

「離れた場所にあるものや、隠れているものを言い当てる」

この識別要件も、当てはまりませんでした。

本当に悪魔が憑いているケースでは、本人が知り得ないことを悪魔が言い当てます。よくあるのはエクソシストの神父の素性の暴露(ばくろ)です。「田中神父、俺はおまえのことを知っているぞ。おまえはどこどこで生まれ育った。おまえの嗜好(しこう)はかくかくしかじかで、昔これこれの悪さをしたことがあるな」だとか、「おまえの母親の職業は何々だった、おまえの父親は何々屋だったよな、おまえの親はおまえを見捨てて離婚したな」などといった対象者が絶対に知り合えないことを言い当てるわけです。

しかし、それもまったくありませんでした。

「年齢あるいは身体的条件が備え持つ自然本性の能力を上回る力を発揮する」

これは、簡単に言えば「怪力を発する」ということですが、これも当てはまりませんでした。体を激しく動かしはしたものの、たとえば机を軽々と投げ飛ばすようなことはなかったのです。

彼の様子は、逆立ちしたり、首がグルグル回ったり、緑色の液体を吐いたりなどということはありませんでしたが、どう見ても普通ではありません。まるで動物のように四つん這いになってみたりと、エクソシスト映画で描かれる悪魔憑きの姿そのものを呈することもありました。しかし、悪魔憑きの識別要件はひとつも当てはまらない。そこで私はこう考えました。

「彼が口にしていることはすべて、彼が実際に体験した範疇のことではないか」

風呂の湯がどうだとか、食事がどうだという不満は、おそらく今の生活からではないはずです。彼は体のあちこちの痛みを訴えていたけれども、現在進行形で誰かに暴力を受けているとも考えにくい。しかし、過去はどうだったのか。これは分かりません。生活上の不満をさまざまに抱える日々、日常的に誰かから暴力を受ける日々を、彼は過去に経験していたのかもしれません。

いずれにしても、本当に悪魔憑きであれば、本人の経験とはまったく違う話がメインになるはずです。

「これは悪魔憑きではないかもしれない」

祈りながら、そう思いました。

霊能者とエクソシスト

儀式は昼過ぎに始まって、夕方に終わりました。何時間も祈りを続けているうち、ようやく彼が落ち着きを取り戻し、最終的に安定したので、ひとまず終了としたのです。

後日、ご両親にまた教会に来てもらって、改めて話を伺いました。まず聞いたのは彼の精神科への受診履歴についてです。医師の診断はどうだったのか。どんな薬を服用し、症状の改善はあったのか。

詳しく聞いてみたのです。

結論から言えば、それまでの治療の効果はほとんどありませんでした。彼の精神的混乱はまるで収まらず、そのために藁にもすがる思いで、当時よくテレビに出演していた霊能者を訪ねたりしたそうです。しかし、状況はまったく好転しませんでした。

「その霊能者の先生は、なかなか会ってくれないんです」

「面接料はすごく高かったけれども、ほんのわずかな時間だけ会って、素っ気ない対応をされて。それこそ何の効果もありませんでした」

ご両親はそう嘆いていました。その後、神社やお寺も訪ねて祈禱を受けたそうですが、その際にやはり様子がおかしくなったというのです。しかし、一向に解決の道は見えてきませんでした。そんな中、あるとき「カトリック教会で悪魔祓いの儀式を受けられるらしい」という噂を聞いて、近くの教会にP神父を訪ねたというわけです。

その話を聞いて私が思ったのは、「最初から適切な医者に診てもらっていれば、そしてまともに相手をしてくれる宗教者に会えていればよかったのに」ということです。そうしていれば、少なくとも無駄な時間とお金を遣わずにすんだはずです。

教会に相談に来た当時、彼らは信者ではありませんでした。悪魔祓いの儀式は、事情にもよりますがカトリック信者ではない人も受けられます。祭儀を行う際も、いっさい費用はかかりません。お金と引き換えに祭儀を行うことは、シモニアと言って、古来やってはいけない規則になっているからです。もし金品を聖職者が要求したら、教会法上罰せられることにもなっています。教会として一定の祭儀献金の目安を示してお願いしている場合、あるいは「どうしてもお礼を受け取ってほしい」と言われた場合には、ありがたく献金として頂戴(ちょうだい)して、教会の維持費などに充(あ)てます。しかし、こちらからは謝礼を要求しません。交通費も請求しません。

霊能者や霊媒師を自称する人たちの中にも、もしかすると癒やしを与えられる人がいるかもしれません。一時的な気休め(プラセボ)の効果もあるしょう。しかし、たとえば「悪霊を退散させるためにはこれだけの費用が必要です」などと言って、何十万円、何百万円という大金や物品の購入を要求する人が本物であるとは、到底思えません。そういう人のもとに通っていれば、経済的にも問題ですし、心身の状況はむしろ悪化する恐れさえあります。

普通なら絶対にしない質問

ご両親との面談では、彼の生育歴についても詳しく伺いました。「前回お会いしたときは息子さんの過去について細かくお訊ねしませんでしたが」と切り出して、かなり踏み込んだ質問を投げかけたのです。

このとき私が特に気にしていたのは、家庭生活や社会生活の状況です。当時、彼は独身でした。しかし過去に短い期間結婚生活を送ったことがありました。そのときの様子について「どんな家庭だったか、どんな仕事をしていたか」、つまり家庭環境や職場環境はどうだったかという質問から始めて、最終的に「周囲とうまくいっていましたか? 過度なストレスを感じるような生活状況でしたか? 誰からか暴力を受けていた可能性はありますか」というところまで踏み込んで伺いました。

ひととおり話を聞いてから私が考えたのは、「錯乱状態の中で彼が訴えた不満、体の痛みは、おそらく前の仕事で精神的に追い詰められるほど過酷な生活をしていた頃に受けた暴行の問題と関係している」ということでした。そして錯乱状態の中で語ったことは、「精神的にまいってしまった彼が、やがて奥さんにも見放され、孤独になり、食事もままならず、家の中も荒れ放題になっていった結果そのもの」ではないかということです。詳しい話は伏せますが、彼は一時自殺も考えるほどに追い込まれていました。そしてそう思えるような事実がご両親の話の中にありました。そのせいで前の家庭生活も崩壊してしまったのです。

「息子さんが儀式のときに言っていたことは、ほとんどすべて、彼自身が経験したことですよね」

念のためご両親に確認してみると、「確かにそうです。それは神父さんのおっしゃるとおりです」という答えでした。「だとすると、これはどうも悪魔憑きではなさそうです」という私の言葉にも、ご両親は納得してくれました。

私の推論が正しければ、彼をケアするのはエクソシストではなく、精神科医であるべきです。ですから、精神科を再度受診することを勧めたのですが、そのとき私は「これまでとは別の病院に行ったほうがいいのではないか」ということも伝えました。

両親との面談で聞いた限り、彼の主治医が適切な治療をしているかどうか、判然としないところがありました。私は精神疾患については無論門外漢です。しかし結果として彼の状況はまるで改善されていなかったのですから、何らかの見誤りがあったのではないかと思ったのです。

精神科医が下した結論

話は少し逸れますが、私が洗礼を受けたのは大学二年生のときでした。洗礼式で代親（だいおや）を務めてくださったのはAさんという方でした。代親とは洗礼式における立会人兼信仰の同伴者のことです。一人ひとりの受洗者には、通常この「代親」が必要ですが、男性の代親をゴッドファーザー〈代父（だいふ）〉、女性の代親をゴッドマザー〈代母（だいぼ）〉といいます（ただし、教会法的には男性・女性ともにスポンサーといいます）。

Aさんとはそれから今日まで親しくお付き合いをさせていただいているのですが、そのAさんは医学博士で精神科医です。より詳しく言えばAさん――以下「A先生」とします――はもともと産婦人科の専門医でもあって、婦人科と精神科の両面から女性をサポートする医療活動の先がけとなった方です。今は医療系大学の客員教授もなさっています。

悪魔祓いの儀式を終えた私は、対象者の男性はおそらく悪魔憑きではないと判断しました。加えて、精神科を再度受診すべきだとご両親に提案したわけですが、このとき私はA先生を紹介しました。

「私がかねて信頼しているA先生は精神科医として優秀な方です。立派な人格者でもあります。その上、カトリックの信者さんでもありますから、医師としてもカトリック信者としても客観的判断を下してくれるはずです。一度相談されてみてはどうでしょうか」

ご両親も本人も、私の提案を納得して受け入れてくれました。ほどなく彼らはA先生を訪ね、診察を受けました。先生の病院は通常男性を診療しない女性専門の病院なので、通常の診察とは別に診（み）てもらいました。

「彼に精神的な異常があることは、ほぼ間違いない」

それがA先生の診断です。

何であれ医師が下した診断は、高度な個人情報であるため、通常、第三者が知ることはできません。精神科の診断であればなおさらです。しかしこのケースでは、A先生と私は情報共有をする必要がありましたから、ご本人とご家族の了解のもとで診断結果を知らせてもらったのです。

具体的な病名については伏せますが、その症状の原因はおそらく過去のトラウマ（心的外傷）だろうという話でした。

「カトリック信者としてコメントすると『これは悪魔の仕業だ』と言われても、私は納得できるものではありませんでした。原因は悪魔でも悪霊でもない、しかし悪魔的な人間の仕業だと思います」

先生は私の意見に納得し、そのように話してくれました。

抑えつけたい「何か」

この男性の病状は、かつては多重人格障害などと呼ばれていたようなものでした。本人とは別の人格が現れる、というのがその主な症状です。別人格が複数現れるケースもあります。原因として最も多いのは、子どもの頃に受けた身体的虐待・性的虐待です。風俗業に長く従事していた女性が、ある年齢を超えてから発症するケースも多いようです。

A先生の診断はまず間違いないだろうと、そのとき私は判断しました。しかし、ひとつだけ不可解なことがありました。彼はなぜ、儀式に際して奇妙な反応をしたのか。それが私の疑問でした。悪魔憑きではなかったのに、どうして悪魔憑きのような状態になってしまったのか。そこが分からなかったのです。

この疑問についてA先生に尋ねると、明確な答えが返ってきました。

先生がまず言ったのは、「それは精神科の世界ではよくある話だ」ということです。

「心に問題を抱えている人が普段とは別の雰囲気、たとえば宗教的な特別な雰囲気に晒されると、意識が錯乱してしまうことがあります。たとえば薄暗い宗教施設などで火を勢いよく焚いて、太鼓をドンドコドンドコ叩いて、祈禱師のような人が大きな声で呪文を唱えて加持祈禱し続けていると、精神的にデリケートな状態にある人が、突然取り乱してしまう。そういうことは昔からあります」

悪魔祓いの儀式では、ラテン語の祈りがずっと続きます。聖水も撒きます。儀式が執行されたのは、教会の一室でした。当然のことながら、彼は経験したことのない特殊な宗教的雰囲気を感じたはずです。その結果、錯乱してしまったのでしょう。その錯乱がエクソシスト映画で描かれる悪魔憑きとよく似ていたのは、彼が精神的に弱くバランスを崩してしまっていたからでしょう。もしかすると彼も過去に悪魔祓いを題材にした映画を観ていたかもしれません。

もうひとつ、A先生は「宗教的な儀式の場で錯乱してしまう人の心には、抑えつけたい『何か』があることが多いんです」とも言っていました。

彼の場合、おそらくそれは過去のトラウマでしょう。彼は思い出したくない記憶に蓋をして、重い石を置いて封印していた。しかしその重い封印の石が、教会という宗教施設で、悪魔祓いという宗教儀式を受けているうちに、ふと取り払われてしまった。素のままの自分を十字架のイエスの前に置かれたそのとき、日頃抑えつけていた思いが迸ってしまったのではないか――。それがA先生の見立てでした。

悪魔に名前を聞く理由

A先生の治療が始まったあと、彼にはもう一度、儀式を執行しました。なぜかといえば、前回行ったのは仮の儀式だったからです。予想をはるかに超える反応があったため、儀式は長時間に及びましたが、あくまでもそれは「仮」でした。彼には「本格的な儀式は日を改めて行います」と事前に告げていましたから、その約束を守ったわけです。

もうひとつ、私としては「やはり彼に悪魔は憑いていない」と確認しておきたかった。だから二回目の儀式を執行したのです。

正式な悪魔祓いの儀式は、司祭が首に紫色のストラ（司教、司祭などが儀式の際に首にかける帯状のもの）を掛け、公式の祈りによって教会の信仰のうちに行われます。諸聖人にとりなしを祈り、聖書の詩編を唱え、福音書の朗読をします。その後、聖水を振りかける灌水、キリストが教えた主の祈りを唱え、教会の信仰宣言を行い、十字架の顕示、頭の上に手を置いて祈る按手などを行います。その後、神への嘆願と悪魔への命令からなるエクソシズムの祈りを行います。儀式が成功した場合、感謝の祈りを捧げます。

二回目の儀式で起きた出来事は、一回目とほぼ同じでした。祈り始めると彼は髪をかきむしり、唸り声を上げ、ときに白目を剝きながら、体をよじらせ、さまざまな悪態をつきました。しかし、悪魔憑きの識別要件に当てはまることは今回も何ひとつありませんでした。

儀式書の祈りには、キーワードのようなラテン語がいくつかあります。もしも彼に悪魔が憑いてい

図１　エクソシズムの儀式に必要なもの。右から聖水入れ、聖油入れ、新版の儀式書、旧版の儀式書（下）、聖書（上）、紫のストラとその上の十字架。

図２　儀式書はラテン語で記載されている。旧版の儀式書（右）右ページは「悪魔への命令」の式文。悪魔に名前を尋ね、離脱の日時を何らかのしるしによって示すよう命じる内容。よく使う儀式の箇所には、すぐ開けるよう栞紐が挟んである。

るのなら、それらのキーワードに何らかの反応があるはずです。苦しげに悪態をついたり、「おまえがやっていることは俺には何も効いていない」と強がったり、あるいはわけの分からないことを言って誤魔化したりする。しかし、そういうことはいっさいありませんでした。

一回目の儀式で私が使ったのは、一九九九年版の新しい儀式書です。第四章で詳しく述べますが、一九九九年の改訂で、それ以前の儀式書にあった中世以来の冗長な表現、仰々しい表現、あるいは命令口調が大幅に緩和ないし削除されました。「悪魔の名前を示せ」という式文も削除されています。

悪魔祓いの祈りは二部構成になっていて、前半は嘆願の祈りです。嘆願とはつまり、「悪魔の力から救ってください」という神へのお願いです。後半は命令の祈りで、悪魔に直接退散を命じます。

エクソシスト映画では、悪魔の名前を聞き出すシーンがよく描かれます。なぜ悪魔の名前を聞き出すのかというと、対象を正しく認識してその力を掌握（しょうあく）するためであり、その対象からの解放を神に願い求めるためです。たとえば悪魔の名前がアスモデウスだと突き止めたら、エクソシストは「父である神よ、悪魔アスモデウスに苦しめられているこの兄弟／姉妹をお助けください」と祈ると同時に、「アスモデウスよ。イエス・キリストの名によって命じる。この人から立ち去れ！」と直（じか）に悪魔に対して命令するわけです。

新しいエクソシズムの儀式から「悪魔の名前を示せ」という文言が削除されたのはなぜなのか。実はローマ教皇庁から公式の説明はありません。ひょっとすると、改訂に関わった人たちがそれを魔術的なものと捉えたからかもしれません。

ただ、私の実体験からいっても、その人が苦しんでいる原因である主体が何かを捉えることは大変重要だと感じます。何からその人が解放されなければならないかを的確に捉えるという意味で、悪魔の名を尋ねるのは有効だと思います。要するに苦しみの本性は何かということです。それが摑めるか摑めないかは、医者がどこに病巣があり何をどう取り除くべきか、何が原因でどう解決すべきかを認識するのと同じだと思います。

ポルターガイストは存在するか

意外に思われるかもしれませんが、悪魔憑きの識別要件にはポルターガイストに関する記述はありません。

彼と対面していたときにも、部屋に掛けてある聖画像や十字架が落ちたり、電気がいきなり消えたり、物が勝手に動いたりなどといった現象は起きませんでした。

ただ、私は神学生時代に悪魔祓いをテーマとした論文を書いていますが、このとき指導してくれたS神父は、パリ留学中にドアや椅子が勝手に動くのを見たそうです。

「それを見たとき、私はどう祈っていいのか分かりませんでした。だから今こうしてあなたと一緒に悪魔祓いについて学べるのはありがたいことです」と、私に言ってくれました。

私もローマ留学中に、「悪魔に憑かれた人の周辺ではポルターガイストが起こる」という話を何度か耳にしました。エクソシスト映画には実際にそうしたことが起こるシーンも多数描かれていますから、あるいはもしかすると、本当の悪魔憑きではモノが勝手に動く現象が起こるケースもあるのかもしれません。とはいえ元々エンジニアだった人間としては一般的な科学で説明が困難な事象があるのであれば、その作用機序を知りたいと思ってしまうのです。たとえば霊の世界は量子論などで解明できるものなのだろうか？　などと。

余談ですが、アンソニー・ホプキンス主演の映画『ザ・ライト　エクソシストの真実』には、悪魔に憑かれた少女が釘を吐き出すシーンがあります。そうした現象は実際にあるようで、釘だけではなく、ピンやプラスチックの破片を吐き出した事例もあるようです。

とはいえ、これは精神科の世界でもあり得ることだそうです。精神的にひどくまいっている人が異物を呑み込むことはよくあるし、しばらくしてそれを吐き出すケースもまたよくある——という話を、以前聞いたことがあります。その映画の中でも、こういった現象に対して若い神父が悪魔憑きではないかもしれないと疑いを抱くシーンが登場します。

エクソシストたちの間では経験則として、人が悪霊に脅かされている兆候として、その他に痙攣を起こす、窒息しかける、体に傷が表れるなどの現象もあるとされていますが、これらも精神疾患によって発症することは知られています。

さらに悪霊の侵攻の際の特異な臭気、邪気などを挙げる人もいます。聖人伝のような逸話では聖母マリアの出現があるときはバラのような香りがするとも言われていますが、悪魔の場合も独特の臭いがすると言われています。臭気については判断が難しいところがあるかもしれませんが、邪悪な気配というものは、単に反社会的な活動を行っているような人間特有の怖い雰囲気とは別種のものでしょうし、精神疾患による症状ともまったく別物といえるでしょう。

悪魔憑きは特別な現象だと思われているかもしれませんが、意外とそうでもないのではないかと私は感じています。

臨終に立ち会った際の不思議な体験

カトリックの神父、特に街の教会の主任司祭は、信者が危篤だとの知らせを受けたときは、昼夜問わず、可能な限り信者の臨終に立ち会い、「病者の塗油(とゆ)」を行って霊魂を神に委(ゆだ)ねて祈りを捧げます。中でも諸聖人の連願(れんがん)とともに捧げられてきた伝統的な祈り「キリスト信者の霊魂よ、安らかにこの世から離れていくがよい……」と始まるラテン語の祈りは現在では使われることがほとんどありませんがとても美しいものです。

ところで、司祭として臨終の祈りを捧げる際には実に不思議な経験をします。人生の最期は人それぞれに違います。長らく難病で苦しんでいた人、あるいは病状が急速に悪化したために意識を失っている人、意識が朦朧(もうろう)としている高齢者など、さまざまな状態で最期を迎える人を前にして祈るとき、突如として動かなかった手足や体が激しく動き出したり、突然声や言葉を発したり、また突如として目を見開いたりすることもあります。もちろん静かに生涯を終える方もいます。このように、人生の終わりに際して、司祭が祈りを捧げる言葉にさまざまな応答、反応が見られるのを私はとても不思議に感じてきました。

教会でも、たとえばフランス中部の都市ツールのマルチノという聖人は、臨終の際、そばにいた悪魔の存在に気づいて最後まで抵抗したことが伝えられています。今際(いまわ)の際(きわ)に同じような反応を示した修道者たちの逸話は数多く存在します。

医学の専門家にはある程度科学的に説明がつくことなのかもしれませんが、真心からの祈りは相手を力づけ、悪に対しても大いなる力があると私は思っています。

前世を記憶している人たち

よく巷（ちまた）で聞かれる奇妙な体験談として前世の記憶を持つ人の話があります。輪廻転生（りんねてんしょう）を信じないユダヤ教やキリスト教の信仰においては、前世という概念は否定されるのですが、見方を変えれば、それは他の人格・霊魂が憑依（ひょうい）している状態だという説明が可能かもしれません。ある人が、前世の記憶を詳細に、つまり事実に合致した内容を正確に語るというような場合、その人とは別の人格が独自の記憶、情報を示し、さらに場合によってはまったく異なる言語的能力をも発揮しているということになります。そして、そのような憑依現象とも取れる状態は、ふとした機会に現れ、また自然と正気に戻って失われていく、その繰り返しなのです。これは多重人格とはまったく異なる現象です。

ただし、このいわゆる前世の記憶なる現象を憑依現象と捉えることができたとしても、エクソシズムによって解決が望まれるような凶悪な霊の働きとは異なるものだということはできるでしょう。つまり、人間にも善人と悪人がいるように、霊的存在の実態にもいろいろあるといえるのです。

カトリックにおける秘跡と準秘跡

さて、先述したように、二回目のエクソシズムの儀式でも厳密な意味で悪魔憑きを疑わせるような現象はまったく起こりませんでした。錯乱状態にあった彼は前回同様、少しずつ落ち着きを取り戻していき、やがてそのまま心身の状態が安定しました。

二回目の儀式はそこで終了とし、その後、P神父と相談した上で「三回目の儀式は行わない」と決めました。

原則として、儀式は悪魔を祓うまで繰り返します。一回で終わらない事例は多数あって、場合によっては何年もかけて何十回という儀式を続けます。数十年にわたって儀式を続けた事例もありました。

なぜ一回では終わらないのか。その理由をひとことで言えば、悪魔祓いの儀式が「準秘跡」であるからです。

ここで少しカトリック教会の儀式について説明しておくと、カトリックの儀式は、秘跡（サクラメント）と準秘跡に大別されます。秘跡は七つ、すなわち洗礼、堅信、聖体、病者の塗油、ゆるし、叙階、結婚です。いずれも、教会で定められている手順と条件を守りながら教会の意図に従って進められれば、それそのものが有効とされます。

一方、準秘跡とは、教会が定めた秘跡以外のさまざまな聖なる儀式を指します。たとえば祝福の祈りや葬儀式などは準秘跡に分類されますし、今しがた述べたとおり、悪魔祓いの儀式も準秘跡です。準秘跡でも、むろん教会によって決められた手順や条件に従わなければいけません。しかしそれだけでは不十分で、司祭と当事者ならびに教会共同体の祈りの力が肝心だとされています。心を込めて祈り、心を込めて儀式を進めなければ、十分な効果が得られないわけです。

それが古くから続くカトリックの神学的な考え方で、悪魔祓いの儀式が一回で終わらない事例が多数あるのもそのためだと言われているのです。

彼の「その後」

二回目の儀式のあと、私はご両親を呼んで三回目の儀式は行わないと伝えました。

「息子さんの様子が普通ではないのは、悪魔や悪霊の仕業ではないと思います。A先生の見立てのとおり、息子さんはまず間違いなく、精神的な病気でしょう。ですから今後は専門家のもとで治療を継続してください。もしも今後、悪魔憑きだと思えるような事象がまた起きたときは、どうぞ遠慮なくご相談ください。もちろん回復のために祈ることも大切です」

そういう話をしたあとに、ひとつ提案をしました。

「今回のご相談はひとまずこれで終わりにします。しかし、だからといって『さようなら』ではなくて、もしも息子さんが心穏やかに暮らす一助になるのであれば、今後も教会に通っていただいて、P神父様のご指導を受け、教会の信者さんたちと一緒にお祈りをされてはどうでしょうか」

両親は「分かりました」と頭を下げ、帰って行きました。

それから今日に至るまで、私はこの事案に直接的には関わっていません。ただいつも心に留めて祈っています。伝え聞いた話では、彼はその後、P神父の教会に通い、精神的な安定を取り戻し洗礼も受けたそうです。それがA先生の治療の効果なのか、P神父の指導のおかげなのか、あるいは彼が病気としっかり向き合った結果なのか、私には分かりません。

しかしともかく、心に平穏を取り戻すことができ、社会生活に復帰できたのならよかったです。その意味では、儀式を執行したのは決して無駄ではなかったと思います。

第二章

その人が口にした「悪魔の名前」

教皇ヨハネ・パウロ二世の悪魔祓い

私がこれまでに執行した悪魔祓いの儀式は、合計三回です。イタリアのローマ教区の有名なエクソシストであったガブリエレ・アモルト神父は、その生涯で何万回もの悪魔祓いの儀式を執行したそうですから、それに比べれば三回という数字は微々たるものです。

しかし、二六年の長きにわたり教皇を務めた教皇ヨハネ・パウロ二世が執行した悪魔祓いの儀式もまた、三回だと伝えられています。エクソシズムの専門家ではない聖職者であれば、そう滅多には悪魔憑きの人と対峙(たいじ)しないはずですから、三回というのはもしかすると、多くもなく少なくもないのかもしれません。

私が過去に執行したもう一件の悪魔祓いの儀式は、西日本のとある教区の女性の信者さんに対するものでした。

その女性は、あるとき「悪魔に憑かれてしまった」と感じて、普段通っている教会の神父に相談しました。しかし、その神父は最初こそ相手をしてくれたそうですが、その後は「まあ病気でしょう」「病院に行ったらどうですか」「もう教会に来ないでほしい」という感じで、彼女に対して次第に真摯に向き合わなくなっていきました。神父も対応に苦慮され大変だったと思うのですが、可哀想なことに、この女性は、教会の信者仲間で以前は彼女に親切だった人々からも遠ざけられるようになってしまったというのです。

彼女は仕方なく、自分の教区の司教を訪ねます。

「私に憑いている悪魔を何とかしてください。祈ってください」

困った司教は、旧知の間柄であるM神父に相談しました。

「私のところに苦しんでいる信者さんが来ています。おそらく病気だと思いますが、彼女のために祈ってもらえませんか」

M神父は霊的指導の大家で、かつてイエズス会の日本管区長を務めた方です。上智大学で長らく教鞭を執っておられた経歴もあり、ラテン語やギリシア語の教科書も出版されています。惜しくも二〇二二年に帰天されましたが、生前は現在の教皇フランシスコとも個人的に親しくされていました。要するにM神父は以前から「大先生」と呼べるような人物で、司教は「この人なら何とかしてくれるかもしれない」と、彼を頼ったわけです。

霊的指導というのは、いわば信者の生活指導のようなものです。信者たちの話をよく聞き、その人の信仰生活が正しい方向に向かっているのかどうか、正しくないときには何が問題で、どの方向に進めばいいのか、ということを気づかせるために同伴するのが霊的指導です。ただし、あくまでも軸足は本人と神様との関係にあるので、霊的指導者が自分の判断でこうしなさい、こうすべきだと教え諭すということはありません。

キリスト教の世界では、心や魂に関わる事柄を「霊的」と表現します。別の言い方では「内的」とも言います。一般には「内面的」と言ったほうが分かりやすいかもしれません。いずれにしても信仰者としての歩み方を支援するのが霊的指導者の役目です。そのため、「悪魔に憑かれてしまった」と訴える人への対応と霊的指導とは混同されがちです。しかし、悪魔祓いの場合は主導権がエクソシストの側にあるので、そのスタンスはまったく異なります。

「私には悪魔を祓えません」

そうしたわけで、ほどなくM神父は彼女と面談しました。詳しく話を聞いた結果、M神父が下した判断は、「この人はおそらく病気だろう」ということでした。

一方で彼女は「悪魔祓いの儀式をしてください」と、繰り返し懇願しました。

「私から見て、あなたは病気であるように思えます。精神科を受診してみてはどうですか」と何度諭しても、まるで聞く耳を持たない。

「これはもう、一度でも儀式を執行してあげないことにはどうにもならない」と、M神父は悟りました。それで相談を持ちかけた相手が誰かといえば、きわめて意外にも私です。

ある日、M神父が突然私の教会にやって来て、こう言ったのです。

「ちょっと様子の変わった女性がいます。おそらく彼女は心の病気だと思いますが、当人は悪魔祓いの儀式をしてほしいと強く願っていて、田中神父さんに何とかしてもらいたいと思って今日はお訪ねしました。私がアシストをしますから、儀式を執行していただけないでしょうか」

私としては、大変な驚きでした。そもそもM神父のようなベテラン司祭が私のような若輩の司祭を頼ること自体が驚きなのに、しかも彼が私のアシストをするというのですから、思わず「えっ」と声を出してしまいました。

「いやいや、神父様が儀式を行えばよいではないですか。そうしたら私がアシストします。神父様が私のアシストだなんて畏れ多いことです」

そう申し上げましたが、実はM神父には自分主導で悪魔祓いの儀式を行えない理由がありました。そのとき彼が語ったのは、おおよそ次のような話です。

「実は私は、若い頃に悪魔祓いの儀式を経験したことがあるのです。それは本当に恐ろしい体験でした。あの恐怖に再び向き合うことは、とてもできそうにありません。先ほども言ったとおり、『悪魔に憑かれた』と訴えている女性は、おそらく病気です。しかし、もしも本当に悪魔が憑いていたら、私は儀式の途中で恐怖に囚われてしまうでしょう。そうなれば悪魔を祓えません。田中神父さんが神学校にいた頃に儀式書を翻訳して、研究していたという話は聞いていました。ですから、あなたに頼るしかないと思ったんです」

イエズス会士M神父の恐怖体験

大ベテランのイエズス会士M神父がかつて味わった恐怖体験とはどんなものだったのか。詳しく聞いてみると、話はこうでした。

彼は神学生時代に、インドの僻地の教会に派遣されました。M神父はスペイン出身で、派遣先の教会には同郷のイエズス会の先輩司祭がいました。

あるときその教会に、悪魔に憑かれたという中年男性が村人の手で運ばれてきました。ひどく暴れて、男性たちが寄ってたかって押さえつけようとしても、どうにもなりません。

すでにお話ししたとおり、悪魔の識別要件のひとつには「怪力を発する」ということがあります。悪魔に憑かれてしまった人は、その人本来の力を超えた怪力、または身体的能力を発揮します。

「これは悪魔憑きかもしれない」

ということで、当時神学生だったM神父と先輩司祭は相談の上、エクソシズムの儀式を執行しました。想像するに、おそらくそれは他になす術がなく緊急回避的な形の執行だったのではないかと思います。インドの僻地で常識では考えられないような怪力を発している半狂乱の人が目の前に現れたのですから、司教の許可が出るまで待ってはいられません。

儀式を始めると、その中年男性は突然スペイン語で語り出しました。しかも彼が話したスペイン語は、ふたりの神父が生まれ育った地域特有の方言でした。

スペインは多言語国家です。公用語は六つあって、さらに方言があります。ですから、M神父はインドに自分の故郷の言葉を話せる人がいるとは、想像さえしていませんでした。それは先輩司祭も同じで、ふたりは顔を見合わせて驚きました。

それだけではありません。その中年男性は、神父たちの素性をことごとく言い当てました。「おまえたちが何者なのか教えてやろうか」と語り始めて、当人たちしか知り得ない事実を次々と言い当てていったのです。しかも男性は、M神父が自分しか知り得ない非常に恥ずかしい過去の出来事までまるでその場で見てきたかのように語ったのです。

M神父は一九二九年の生まれです。ということは、彼が神学生だったのは一九五〇年前後のことでしょう。ですから当然、「あの神父たちはどういう経歴なのか」などとネットで調べることは不可能でした。ましてスペインの片田舎出身の一神学生のプライベートなことまで知る由もありません。仮にその中年男性が神父たちの経歴などを誰かに聞いていたとしても、それをスペインの方言で語れるはずはありません。

悪魔祓いの儀式を執行したあと、その男性は悪魔から解放されました。その後、M神父は「あの人はスペインの地方で生活していたことがあるのか、スペインに旅行したことがあるのか?」と村の人たちに聞いて回ったそうです。しかし彼らはみな、首を振って、「そんなことがあるわけがない」と、口を揃えて言ったそうです。

明治一三年の悪魔憑き事件

ちなみに、悪魔に憑かれた人が知らないはずの出来事を言い当てた事例は、日本にもあります。明治一三(一八八〇)年、長崎県外海町(そとめちょう)(現:長崎市)で起きた悪魔憑き事件です。

このとき悪魔が憑いたのは、ナセという名の一五歳の少女でした。彼女は漁師の娘で、あるときから漁に出ている父親、あるいは父親の仲間たちが沖でどんな様子でいるのか、家に居ながら実況解説するようになりました。男たちが漁から帰ったあとに話を聞くと、ナセが語った話はことごとく事実でした。

外海町は戦国時代の昔からキリシタンが多い土地柄でしたから、村ではナセのために神父を呼ぶことにしました。呼ばれたのは、当時、出津にいたパリミッション会（パリ外国宣教会）マルク・マリー・ド・ロというフランス人神父です。

彼は船に乗ってナセのもとに向かったのですが、ナセはそれも事前に察知していて、ド・ロ神父の船が沖合で強風により漕ぎ悩んでいる様子を言い当てていました。しかし、神父が港に上陸すると、彼女に憑いていた霊は「もはや自分には居場所がない」と言って着物をかぶりました。

ド・ロ神父は聖ベネディクトの姿が刻まれたメダイを、ナセの目、鼻、口にあてて祈りました。すると彼女は突然倒れ、同時に黒い影のようなものが体から出ていったそうです。その後、ナセはすっかり元通りになって、後日、彼女の一家はみな揃って洗礼を受けた――という話が外海町役場が編纂した『外海町誌』（一九七四年）にあります。

この明治の初めの話を単なる伝説、迷信だと捉える人もいるでしょう。しかし、私は「そういうことはあり得る」と考えます。インドの話も長崎の話も、本当に悪魔のせいだったのかどうか。それは分かりません。しかし、少なくとも現在のサイエンスでは説明できない何かがこの世界には存在し、そうした事象がどちらの事件でも起きていたのだろうと思うのです。

サイエンスと宗教

「はじめに」で少し触れましたが、私はもともと理系の人間です。大学から大学院まで化学を学び、卒業後は三菱化学（現：三菱ケミカル）で三年ほどエンジニアとして開発研究に携わりました。それゆえ超常現象などと言われる怪しげな話を馬鹿馬鹿しいと頭から否定するのは簡単なことではあるのですが、それではつまらないので、科学的視点から見てみようと思ったりもするのです。たとえば悪魔が発する未知の情報を知る能力、超人的な怪力、モノが動く、モノが浮くなどのポルターガイスト現象などについて、「それはどこから来る力なのだろう?」などと真面目に考えます。

悪魔が発するそうした力は、量子論や、はたまた多元宇宙論などの科学で説明できる話なのか。それとも、新しい物理法則を見出さないと説明がつかないのか。いずれにせよ重力を反転させるような力が実はこの世界には発生可能で、悪魔はそうした次元の力を利用しているのか。もしもそれが量子論などの世界で検証できれば、悪魔・霊魂の世界の力の科学的説明、使用も可能なのではないか……などと空想めいた考えまで思い巡らしたりするのです。

こんなことを言えば「ちょっと田中神父さん、大丈夫ですか?」と心配されるかもしれません。しかし、現在のサイエンスが万能でないことは、誰もが知るところでしょう。さまざまなテクノロジーも日進月歩です。前章で触れたポルターガイストも、それを解析する物理法則をまだ私たちが持っていないというだけかもしれません。今のサイエンスでは解き明かせない事象は、この世界にはまだ山ほどあります。今あるサイエンスが頂点であると信じている科学者はおそらくひとりもいないはずです。科学は日々発展するものです。

一〇〇年前、二〇〇年前の人たちから見れば、現在の科学技術はほとんど魔法のようなものでしょう。それと同じように、一〇〇年後、二〇〇年後の世界の科学技術は、私たちから見てまるで魔法に等しいようなものかもしれません。そのプロセスにおいて、悪魔の力が解明される可能性もゼロではないだろうと、私は思うのです。祈りの力、あるいは呪いの力、そういったものもいつかより具体的に説明できる日がくるのかもしれません。

「悪魔が言っている」

さて、このときの儀式の場所はM神父の修道院でした。もう秋もだいぶ深まっていた時期で、夕方になると辺りはもう暗く、空気も冷たい時期で小雨の降る日のことでした。対象の女性はその近くの教会施設に滞在していました。私は儀式書や聖水、十字架など必要なものを持って出かけました。

まずは面談です。いろいろと話を伺いました。面談のあとは祈りですが、このとき彼女の家族は同席していませんでした。対象者の女性と私、そしてM神父の三人しかその場にいなかった。ですから、もしも彼女が暴れ出したときにはどうしようか、とは考えました。

エクソシスト映画では、儀式を受ける人が手足を縛られるシーンがよく描かれます。体を拘束するのは、通常やってはいけないことですが、場合によっては対象者の体を固定してもいいと、一六一四年版の古い悪魔祓いの儀式書には記されています。

繰り返し述べてきたとおり、悪魔に憑かれている人はときに怪力を発します。もしも暴れて怪我をしたり、机や椅子などを投げ飛ばされたりしたらどうにもなりませんから、あらかじめ体を固定しておいて、それから儀式を始めるケースもあり得るだろうとは思います。

しかし、このときは事前に体を固定しませんでした。なぜかといえば、彼女はそれ以前に怪力を発したことがなかったからです。もしも儀式のさなかに暴れ出したとしても、どこかで悪魔憑きの状態が小休止して、おとなしくなるタイミングが来るはずです。彼女を拘束するのはそのときでいいと判断しました。

面談が終わって祈りを始めると、彼女は「悪魔がこう言っている」とか「誰それがこう言っている」といったことを語り出しました。体も四つん這いの姿勢となりまるで動物のようです。声色も表情も、明らかに普通ではありません。やがて「あそこが痛い」「ここが痛い」と、繰り返し訴え始めました。

忌まわしい過去

他方、彼女が話したのは日本語だけです。M神父と私のラテン語の祈りには、何ら反応しなかった。悪魔の識別要件に当てはまるような現象もいっさい起こりません。

それとは逆に、彼女が口にした言葉からは深い心と体の傷が窺(うかが)えました。最も象徴的だったのは、彼女が痛みを訴える部位が下腹部周辺だったことです。おそらくこの人は性暴力を受けた過去があるのだろう。祈りながらそう思いました。

面談で彼女が語った話、儀式のさなかに口走った言葉から察するに、加害者はおそらく家族です。真実は分かりません。しかし、もしも私の推測が正しければ、そのような記憶を消し去りたいと彼女は願っているはずです。

「忌まわしい過去を『なかったことにしたい』という思いが極度に強いために、彼女の精神は分裂してしまっているのだろう」、そうも思いました。

前章で紹介したC教区の事例でも、対象者は体の痛みを訴えたのですが、今回の対象者も、悪魔憑きのような状態のまま「ここが痛い」「あそこが痛い」と訴えました。しかしその叫びは、どう考えても悪魔の叫びではなかった。本人の心の叫びだったのです。

祈りを終えたとき、彼女は平静を取り戻していました。念のためしばらく様子を見たあとに、「悪魔祓いの儀式はこれで終わります」と伝えました。私はM神父と話して、やはり悪魔の問題ではないという結論に達しました。そして、その女性にはM神父の指導に従ってほしいと話して別れました。

許可なく行われた儀式の有効性

その後、私は彼女とは関わっていません。伝え聞いた話では、儀式を受けられたことを心から喜んでいたそうです。症状も一時的に落ち着いたと聞きました。M神父への相談はしばらく続いたようですが、それもある時点で終わっています。

ひとつ事実を付け加えておくと、この儀式のときには正式な任命書ないし許可書は出ていません。諸事情があって、私は当該地域では正式にエクソシストに任命されないまま儀式を執行したのです。

先ほど述べたとおり、彼女の出身地を統括する教区の司教はM神父に「彼女のために祈ってください」と依頼しました。M神父は同じことを私に依頼していますが、このような依頼は教会法的に有効なものではありません。

「責任は私が取ります。とにかく一回でいいから祈ってあげてください。そうすれば、彼女は落ち着くはずです」

M神父がそう言ってくださったこともあって、手続きは適法ではなかったけれども、悪魔祓いの儀式をしたわけです。

繰り返しになりますが、司祭が悪魔祓いの儀式を行うときは、当該地域の司教の許可が必要です。許可なく行われた儀式は違法であり、不当です。しかし同時に、教会法はその有効性までは明確に排除していないのです。ですから、今の司教様にはどうか私を罰しないでいただきたいと願っています。

精神疾患の患者にとっての「儀式のリスク」

このケースにおいて、私は最初から、おそらく当該地区の司教に儀式の執行許可を申請したところで、すぐには許可は出ないだろうと思っていました。なぜならその司教が、以前、悪魔祓いの儀式など教会に必要ない、悪魔の心配などいらないなどと言っていたのを私は知っていたからです。しかし、目の前に悪魔憑きらしき人がいる。少なくとも、その人が精神的に苦しんでいることは疑いようがない。だからとにかく悪魔祓いの祈りをしてほしい。現場の司祭がそうした状況に直面したとき、その司祭の祈りのどこまでが違法で不当だといえるのでしょうか。

カトリック教会には、人々の霊魂の救いが優先される場合、法的に欠けた権限を教会自らが補塡(ほてん)する(Ecclesia supplet)という法原則があります。その意味でも、この儀式は有効だったのだろうと今でも思っています。

もちろん法的な手続きは秩序を維持する上で大切です。しかし「何のために儀式があるのか」ということから逆算して考えれば、ときには欠けた権限を補塡するという超法規的措置のようなケースがあってもいいのではないかと思うのです。「教会の法の最高の目的は霊魂の救い(salus animarum)」、これが明確な教会法の大原則だからです。

ですから、このとき儀式を行うのに、手続きのことはあまり気にしていませんでした。ただし、対象者の安全については慎重に考慮しました。彼女が精神疾患を患っているのはまず間違いなかったわけですが、そういう人に執行した儀式が吉と出るか凶と出るか、定かではなかったからです。ローマの名門、教皇庁立グレゴリアン大学の学術誌に出ていた、教皇庁のロタ・ロマーナと呼ばれる裁判所の裁判官を務める教会法学者でありかつエクソシストでもあったダヴィデ・サルバトーリ教授のエクソシズムに関する論文には、仮の執行は不適切であり、また危険でもあると書かれていたのを後で知りました。しかしローマの有名なエクソシスト、ガブリエレ・アモルト神父は、悪魔祓いの祈りを試しに唱えて反応を見ていたと言われています。どちらが正しいのかは分かりません。

私が心配したのは、たとえば儀式への依存です。儀式によって得られた安心感と満足感が、さらに儀式を欲することにつながってしまえば、出口がありません。精神科医の治療を受けるのは早ければ早いほどいいはずですが、儀式に依存する心が芽生えてしまえば、彼女はそもそも病院に行こうとしなくなる恐れもあります。

医師が悪魔祓いの儀式に関わったケース

儀式を行ったために彼女の病状が悪化する可能性があるのかどうか。この問題については、あらかじめA先生に相談しました。

「おそらく悪魔憑きではないと思われる人に、儀式を執行しても問題ないのでしょうか」

その質問に対してA先生が言ったのは、「その人が『どうしても悪魔祓いをしてほしい』と願っているなら、むしろ儀式を執行してあげるべきです」ということでした。

なぜかといえば、それが次のステップにつながるからです。まずは「原因は悪魔ではない」と当人に自覚してもらって、精神科の治療に進んでもらうわけです。

「仮にでも儀式を執行してあげれば、『やっと願いがかなった』という満足感は得られるはずです。その後しばらくは、落ち着くかもしれません。ただしそれは、根本的な治癒ではありません。遠からず症状がぶり返してきます」ということもA先生は言っていました。

当然のことながら、精神疾患の人に対する儀式が終わった後は、専門医の受診を勧めなければなりません。理想を言えば、聖職者、特にエクソシストは心理学や精神医学の専門家のレクチャーを受けておく、あるいは信頼できる専門家とコンタクトを取れる状態にしておくべきでしょう。いざ問題が起こったときは、医師と連携して対処していくためです。

対象者が明らかに病気だと思えるケースでは、医師の立ち合いのもとで儀式を行ってもいいかもしれません。その人が悪魔憑きのような状態になったとき、言動や行動にどのような異常が起こるのか。それを現場で見てもらえば、より正確な診断ができるのではないでしょうか。

もちろん、診療目的のために儀式を行うべきではありません。たとえば一六一四年版の古い儀式書の総則には、次の一文があります。

「エクソシストは、悪魔に取り憑かれた被害者（病者）にいかなる薬も処方したり勧めたりすることを避ける。そのような処置は医師に任せるようにすべきである」

これはつまり「司祭と医師は互いに仕事の分野の棲み分けをし、連携してことにあたるべきだ」ということでしょう。ですから、おそらく一六一四年以前の古い時代にも、医師が悪魔祓いの儀式に関わったケースがあったのではないかと思われます。

実効性のある相談システムを作れないか

一九五二年、古い儀式書の総則に次の一文が追加されました。

「ある人が悪魔に取り憑かれているということを安易に信じるべきではなく、悪魔に憑かれた者と精神的な疾患に苦しむ者とを見極める明確な兆候を確認しなければならない」

確認のためには、もちろん医師の手助けが必要です。

あるいは一九九九年版の新しい儀式書には、「対象者が本当に悪霊に取り憑かれているかどうか可能な限り確認する必要がある」という一文があります。確認のための手段には、医師による診断があげられます。

いずれにしても、教会に悪魔祓いの相談を持ちかけてくる人の大多数は精神疾患の疑いがある人です。そうである以上、医師のサポートは不可欠で、だからこそ私は、一定の聖職者は日頃から精神科医らとコンタクトを取っておく、ないしそうした専門家のアドバイスを聞いておく必要があると思うのです。もっと言えば、「重度の精神疾患の患者とはどのような人たちなのか、そういう人々にどのような態度で関わっていけばよいのか」ということを、あらかじめ知っておくべきです。

エクソシストに任命される前、私は主任司祭としての職務の一環で、いくつかの精神科の病院に信者さんを見舞いに訪ねたことがありました。そうした施設での情報があれば、エクソシズムのさなかに対象者が豹変したときも、動揺したり慌てたりしないだろうと思うのです。

もちろん、そうした準備をするのは容易なことではありません。私の場合、偶然にもA先生という知己がいて、儀式を執行するにあたって逐一相談ができました。精神科の病棟を訪ねた経験もあったので、精神の乱れた対象者に相対したとき、「こういうこともある」と冷静に受け止めることができました。しかし、これを聖職者すべての義務とするのは現実的ではありません。とは言え、教会の本来の働きは苦悩する人々に寄り添うことのはずです。

ならばどうすればいいのか。私が考えているのは「教会が組織単位で対応方法を策定する」ということです。これは、後で言及する海外の教会の事例に基づいての私の意見です。

それぞれの教会組織のネットワークを使って、心理カウンセラーやエクソシストの適任者のリスト、信頼に足る精神科医のリストをあらかじめ作っておく。悪魔憑きが疑われる人が教会にやって来たときは、最寄りの適任者を派遣する。面談の結果、対象者が精神疾患だろうと判断されたときは、最寄りの信頼できる精神科医を紹介して受診を勧める。状況がそこまで深刻ではないのなら、自助グループやカウンセラーに話をつなぐ。そういうことができればベストだろうと思うのです。

そこまでのシステムを作るのが難しいのなら、相談者向けのホットラインを開設してもいいでしょう。まずはそこで相談を受けて、エクソシストなり、精神科医なり、あるいはカウンセラーに話をつなぐわけです。日本のカトリック教会は他国から比べれば非常に小さい、しかし現実はそれなりに大きな組織ですから、本気になって取り組めば実効性のあるシステムを作れるはずだと思います。

バチカン大使館から回ってきた案件

いずれにしても、門前払いはまずいと思います。理由が何であれ、その人が苦しみを抱えているのは間違いないのですから、何かしら手を差し伸べるべきです。原因が明らかに悪魔ではないと判断できるケースでも、教会に望みをかけて頼ってくれた人たちを無下に扱うのは間違いです。

かつて練馬の北町教会にいた頃、バチカン大使館から相談の電話が何度か来たことがありました。「私たちの大使館に『悪魔に憑かれた』という人から電話が入っています。かなりお困りのようです。何とかしてもらえませんか」

そう言われたので、すぐに電話を回してもらいました。

あれこれ話を聞いてみた結果、その人は悪魔憑きではなく、精神疾患であるということが確かめられました。ですから状況について客観的な意見を述べ、あらためて精神科の受診継続を勧めて、生活面での改善を提案し励ましの言葉を送ったのですが、ひとつ不思議だったのは「その人はなぜ、大使館に電話をかけたのか」ということです。

その疑問について聞いてみると、「最初は××教区の本部に電話をかけてみたのですが、まったく取り合ってもらえなかったんです」との答えでした。

教区本部というのはいわば教会の役所のような所で、電話を受けたのは事務職の方だったのかもしれません。しかし、そこには司祭もいるのですから「忙しい」「わけが分からない人には取り合わない」という対応は明らかな間違いです。話を聞いた司祭が、「これは自分に対応できる問題ではない」

と思ったとしても、カトリック系の病院を紹介するなど、何かしら手助けはいろいろとできるはずです。

これについてはカナダの例が参考になるかもしれません。

ローマ留学中の四年間、私はコレジオ（学生寮のような施設）が閉鎖される夏休み期間をカナダで過ごしていました。ローマの夏は猛烈に暑く、避暑がてらトロント大司教区の事務局や教会裁判所で研修をさせてもらっていたのですが、あるときその事務局の人に、「悪魔憑きの相談があったときはどうしていますか」と聞いてみると、過去の相談記録が丁寧に整理されている電子記録の一部を見せてくれました。

これまでどんな相談があったのか。その相談者は精神科を受診していたのか。あるいはカウンセリングを受けた経験はあるのか。相談を受けた司祭はどんな話をして、状況はその後どう変化したのか。エクソシストとの面談はしたのか。そうしたデータが段階ごとに分かりやすく整理してあって、なおかつ問い合わせの受付けもマニュアル化されていました。

これはきわめて有用な取り組みだと思います。その人は本当に悪魔憑きなのかどうか。それを見きわめる上で有用であるのはもちろんのこと、精神疾患に苦しむ人たちのためにも相談記録を残すのは大切だと思うのです。

二〇一八年に教皇庁は、あらためて各司教区にはエクソシストを配置するようにという方針を出しています。日本にはエクソシストを常設している教区はありません。データを蓄積し、整理している教区も、おそらくないだろうと思います。ここは今後の課題でしょう。

教会に寄せられる「悪魔憑き相談」の中身

私が悪魔祓いの儀式をしたのは三回ですが、実は、相談レベルの案件は無数にあります。教会にいて一〇〇回電話が鳴ったら、そのうちの一〇回は信仰とは関係ない人からの悩みごとで、そのうちの五、六回は悪魔憑きの相談です。本人が苦しみを訴えているケースもあれば、家族から「どうも悪魔憑きのようなのです」といった連絡が来るケースもあります。

いずれの場合も、ともかく時間をとってきちんと話を聞きます。いつ頃から、どういうことが起きているのか。今はどんな状態なのか。そうした話を詳しく聞いて、こちらからも質問します。

たとえば「家族が悪魔に憑かれているかもしれない」という相談を受けたときは、悪魔憑きの識別要件について訊ねるわけです。

「その人が知らないはずの外国語を話しますか」

「その人が知り得ない事実を言い当てますか」

「驚くような怪力を発しますか」

補足として、「何か不吉に感じられる出来事はありましたか」など。

そうしたことを、ひとつひとつ聞いていく。たいていの場合、答えのすべてがノーです。「それはありません」「それはありません」という回答が続く。

精神科や心療内科の受診歴についても聞きます。こちらの回答は、ほとんどがイエスです。問題を抱えているほぼすべての人たちは、ひとつかふたつは病院に通院した経験があります。あるいは、現在進行形で通院している。ここは深掘りして、「お医者さんにどんなことを言われましたか」とか、「薬は飲んでますか」などといった質問をします。

それでもなお悪魔憑きが疑われる事例は、ほぼありません。いきなり知らない言葉をしゃべり出したとか、口から釘を吐いたという事例は滅多にありません。ほんの数分話しただけで、「これは悪魔憑きではない」と分かることも多々あります。

精神科病棟からの電話

とはいえ、相談者のみなさんは気軽に電話をかけてきているわけではありません。たいていの場合は、迷った末に意を決して、いろいろなところに相談している、その中で教会の門を叩いている。だから簡単には結論を出しません。しかし同時に、出た結論は明確に伝えます。

「お話を聞いた限り、悪魔憑きだとは思えません。理由は……」と、はっきり伝えるわけです。

原因がストレスや精神的な疲れだと思えるときは、「こういうふうに生活を改めてみてはどうでしょうか」と提案することもあります。励ましの言葉を送ることもあります。状況が深刻な場合や医者に見捨てられているような場合などは、知人の医師に状況を相談して、その人の住まいの近くにある信頼できる病院を紹介してもらうということもあります。

その上で、「もしそれでも改善しないようなら、あらためてご相談ください」と言うと、その後はほとんど電話がかかってくることはありません。中には、適切な治療を受けられて回復したと報告してくださる方もいらっしゃいます。先ほど話したバチカン大使館から回ってきた事案も、相談者は

「よく分かりました」「頑張ってみます」「ありがとうございます」と納得してくれました。

一方で、いくら話をしても埒（らち）が明かない人もいます。今回この本を出版することで、そうした相談者が減ってくれることを期待しているのですが、もしかしたら逆に増えるのかもしれません。しかし、それはいつでも教会として取り組まなくてはいけない課題のひとつなのでしょう。

教会というのは、ある意味で苦しみを抱える人が駆け込む場所です。善良で立派で、日々心穏やかに暮らしている人たちのために教会があるのではなく、苦しんでいる人、悩んでいる人、罪びとが神様と出合って生き方を変えていく、そのために教会がある。ですから教会は、そうした人たちに理解を示し、できる限り受け入れなければいけません。

過去に対応した相談者には、入院先の精神科の病棟から電話をかけてきた人もいました。話の内容が明らかにおかしいので着信番号を調べてみたら、某病院の精神科の病棟だったのです。その人が語った内容はあえて省略しますが、こちらから何を言ってもどうにもならないような話がときに外国語混じりになったり、ときに幼児のような話しぶりになったり延々と続きました。

しかし、その人が苦しみを抱えているのは確かです。なおかつその人は、数ある選択肢の中からカトリック教会を選び、頼ってくれた。そうである以上、結論が出ないような相談でも門前払いするのではなく、教会としてまずは真摯に向き合わなければいけません。そうでないと、教会に救いは望めないことになってしまうからです。

フランス語を突然語り始めた女性

相談者の中には、何の連絡もなく直接教会を訪ねてくる人もいます。あるとき突然やって来た女性は、「××さんという人が電波で私を攻撃してくるんです」と訴えました。「これが電波で攻撃する装置です」と、その装置も見せてくれました。聞けば大層な値段だったとか。

彼女は教会に来る前に、警察に何度も相談していました。しかし、まともに取り合ってもらえませんでした。そのために、警察に対する不満もあれこれ口にしていました。

後日、A先生にこの件について聞いてみると、「それは統合失調症の典型例のひとつです」という答えでした。ただし近年は「電波」は稀で、「私はネットで攻撃されています」と訴える人が大多数だそうです。

「そういう人が教会に来たときは、話を聞いてあげてください。話は適当に受け流してかまいませんから、ともかく時間があれば聞くだけでいいので相手をしてあげてください」

A先生はそうも言っていました。

直接、教会を訪ねてくる相談者の中には、最初から「悪魔祓いをしてください」と言う人もいます。あるときやって来た女性は、「どうも自分には悪魔が憑いているのではないかと思うんです。できれば悪魔祓いをしてほしいんです」と切り出して、その後しばらく普通に話をしていたのですが、ある瞬間に突然、幼児のような拙(つたな)い話し方になりました。それでも淡々と話を聞いていると、今度は突然、英語で語り始めました。英語はやがて、フランス語に変わりました。

エクソシストは病気を治せない

これは悪魔憑きなのか、一瞬そう思いました。しかし、その直後に「待てよ」と思い直して、ラテン語で質問してみると、何の反応もありません。ラテン語で「退け(しりぞけ)サタン」「おまえの名前を示せ」と繰り返し聞いても、あるいはイタリア語で「おまえが悪魔であるのなら、ここにある椅子を動かすくらい簡単だよな？　試しに動かしてみろ」と挑発してみても、「悪魔なら私が今右手に握っているモノが何だか分かるだろう？　言い当ててみろ」などと言ってみても、まったくの無反応でした。

本当に悪魔が憑いているのなら、何かしらの反応があるはずです。「この椅子を動かしてみろ」という私のイタリア語での要求に対して、勝手に椅子が動いたり、「そんなことは簡単だ私には何でも分かる。おまえの手の中にあるものはこれだろう」とか、「おまえの命令なんかには従わない」といった言葉が返ってきてもおかしくないのに、何の反応もなかったのです。

しばらくして、彼女は元の人格に戻りました。そのときに彼女の来歴を聞いてみると、過去に海外で修道会のシスターとして活動していた経験があることが分かりました。それならば英語やフランス語を話しても不思議はありません。話の内容から、精神科の病院に長く入院した経験があることも分かりました。

そうなってしまった原因は何なのか。これは分かりません。しかしともかく、何か良くないことが彼女に起きたのは確かです。そのために精神が乱れてしまっているのだろうと判断して、精神科での治療継続を勧めました。

先ほども述べたように、悪魔祓いの相談に的確に対応するためには、エクソシストには精神疾患にまつわる知識が必須です。ローマ教皇庁立レジーナ・アポストロールム大学のエクソシスト養成講座に心理学や医学、薬学の講義があるのはそのためでしょう。私自身、後学のため少しだけ精神病理学を学んだこともありました。

しかし、エクソシストには精神疾患の治療はできません。その人が病気だと判断したら、受診するよう勧めることしかできない。病院に行ってもらうための説得は、もちろんいろいろと工夫します。しかし、それ以上の何かができるかというと、難しいところがあります。相談者が私の話を聞いて納得し、精神科を受診するようになったとしても、問題がただちに解決されるわけでもありません。しかし、精神科を素直に受診してくれるということは、治療の第一歩だと言います。精神科のA医師の話では、自分が悪魔に憑かれていると思い込んで、病気であることを頑なに認められない人は、一向に治療が進まないのだそうです。

私がこの問題でいつも胸を痛めているのは、せっかく病院に通うようになっても、なかなか苦しみから解放されない人たちがいることです。現代医学をもってしても、心の傷は簡単には癒えないのです。ましてや性暴力などが原因である場合は、とりわけ根が深いようです。

アスモデウスでもなく、ベルゼブルでもなく

過去に私が執行した悪魔祓いの儀式では、実は悪魔の名前も聞いています。ご紹介したうちのどの事案だったのか、あえて曖昧にしておきますが、そのときに対象者の口から具体的な名前が出たこと

がありました。

たとえばそれがサタンやルシファー、アスモデウスやベルゼブルだったら、私は特に驚かなかったと思います。いずれも有名な悪魔ですから、そうした名前が出ても不思議ではありません。しかし、その人が口にしたのは意外にも、日本人の男性の名前でした。

それはまず間違いなく、その人の身近な男性でした。おそらくその人は、かつてその男性から性暴力を受けていたのです。それは誰にも言えない苦しみで、長年にわたって苦しみに苛まれているうち、人格が分裂してしまったのだと思いました。面談で聞いた話、儀式のさなかにその人が口走った言葉、その他の情報を組み合わせて考えてみると、そのような痛々しく悲しい現実があったと思わざるを得ませんでした。

精神疾患の患者にとって、真実と向き合うのは本当につらいことだ――という話をA先生に聞いたことがあります。過去に受けた苦痛を思い出すのも、そのために自分は精神疾患になってしまったと認めるのも、本当につらい。結果として「自分がおかしくなってしまったのは悪魔のせいだ」と信じる人が出てくるわけです。そう信じていれば、いくぶん心が楽になるからでしょう。

とある事情があって、私はこれまで性暴力事件の裁判をいくつか傍聴しています。いずれも悲しい事件で、被害者の方が本当に気の毒でした。一方で、加害者が法廷で悪びれもせずにいるということは普通にあり、「これを悪と言わずして、何を悪と言うのか」と憤ったことが何度もあります。

こんなことを言うのは不謹慎かもしれませんが、原因が悪魔憑きであれば話は簡単です。汗水垂らして司祭として祈り、聖水を振りかけ、十字架をかざして、それでその人が苦痛から解放されるのなら、司祭として私はいくらでも儀式をします。司祭は人々の救いのための存在なのですから。

しかし、原因が人間である場合は大変手強く、一司祭の努力だけではどうにもなりません。私は教会の人間ですから、一生懸命に祈る中で何かが生まれるかもしれない、という期待は常に抱いていますが、どんなに心を込めて祈っても心身の受けた深い傷はすぐには癒えるものではないのです。

「原因が悪魔であれば話は簡単だ」

トラウマが原因で悪魔憑きのような状態になってしまった人に対して、私たちはもうひとつ、難しい問題を抱えることになります。

たとえば先ほどの例のように、「身近な相手から性暴力を受けていた」というのは、聞くも悲しい話です。思わず耳を塞ぎたくなるような話もあります。しかし私たちは、原因が悪魔憑きかどうかを判断するために、相手の心のうちに踏み込まなければいけません。当人が誰にも言いたくないような話を、聞き出さなければいけない。他人が軽はずみに踏み込むべきではない領域に、あえて入っていかなければいけない。

もちろんその際には、細心の注意が必要です。「こういうことはありませんでしたか」という質問が性暴力などのセンシティブなテーマに及んだとき、聞く側も心苦しいけれども、それとは比較にならないほど大きな苦痛が、聞かれる側にあるはずです。ヒアリングが新たな傷、二次的な暴力になることは絶対にあってはいけませんから、そのための最大限の配慮がまず必要になるわけです。

ヒアリングの結果、相談者が性暴力を受けていることが明らかになったとしても、ただちに警察に通報するのがベストであるとは限りません。司祭が警察に通報をしたために、問題がより複雑にこじれてしまう危険性もあります。

そもそも、家庭や職場というのは閉鎖的な空間です。そこで起きている問題を第三者が解決するのは、きわめて難しいことです。少なくとも司祭にとっては、それはほぼ不可能です。ですから私は、「原因が悪魔であれば話は簡単だ」と思うのです。

そうした見地から言えば、相談者が家族と一緒に相談にやって来たケースでは、解決に向かう道筋を見出しやすくなります。たとえば両親と一緒であるのなら、おそらく親子間には深刻な問題はないだろうと判断できます。「こういうことはありませんか」という質問をいくつも両親に投げかけて、現状を改善する手立てを探ることもできます。幸い、日本では最近、行政や法律事務所など、虐待やハラスメントの被害について相談する窓口は増えてきています。確実な支援が受けられる機関を私たち教会の人間も把握しておく必要があるでしょう。

相談者は救いを求めています。これは疑いようのない事実です。エクソシストがその人に何をなすべきかと考えてみたとき、単に儀式書にある祈りを唱え、聖水を振りかけて十字架をかざせばいい、という結論には決してなりません。相手が置かれている状況をできるだけ広く精査して、苦しみの源泉を見出し、その人の苦しみの軽減に努める。解決に向かう次の一歩をどう踏み出すか、考える。それこそがエクソシストの本来の役割です。

司祭ができることには、むろん限界があります。すべてがうまくいくとは限りません。しかしそれでも私たちは、何をどうするのがベストなのか深く考え、決断し、実行しなければなりません。そういう意味では、精神的、肉体的にタフであることもまたエクソシストの必要条件なのかもしれません。ただ何をするにしてもいちばん大切なのはやはり神と隣人への愛の心です。

第三章

リアルエクソシスト

「悪魔は実在する」

一九九八年一〇月、ときの教皇ヨハネ・パウロ二世は、改訂された新しい悪魔祓いの儀式書を承認しました。翌九九年一月、新しい儀式書は『盛儀のエクソシズムと関連する種々の祈り』（*De Exorcismis et Supplicationibus quibusdam*）として、ローマ教皇庁から発行されました。

九八年に承認され、九九年に発行されたことから、私たちはこの儀式書を「九八年版」、または「九九年版」と呼んでいます。その後、二〇〇四年に儀式書の一部が修正されたことから、「二〇〇四年の儀式書」と呼ばれることもあります。どの名前で呼んでも同じことですが、本書では「九九年版」で統一したいと思います。

九九年版より前の儀式書が発行されたのは、一六一四年のことでした。その後、わずかな修正があり、いくつかの文言が加えられましたが、内容はほぼ何も変わっていませんでした。つまり一六一四年に制定された悪魔祓いの儀式書（*De Exorcizandis obsessis a daemonio*）は、それから約四〇〇年間、ほとんど姿を変えないまま二〇世紀末まで生きていたわけです。

新しい儀式書が発行されることが公表されたとき、当時ローマ教皇庁典礼秘跡省で長官を務めていたホルヘ・メディーナ・エステベス枢機卿は、記者会見でこう述べました。

「エクソシズムの儀式は、今後も引き続き必要不可欠です。なぜなら、悪魔は実在するからです」

このとき会場にいた記者たちからは、驚きの声が漏れたそうです。二一世紀がまもなく到来するというのに、カトリック教会は公式に悪魔の存在を認めた——。それはたちまちニュースとなって、一般の人たちにも驚きが広がりました。

儀式書にも、悪魔の存在と悪魔憑きの事実ははっきりと明記されています。

儀式書の内容については次章で詳しく述べますが、ここで簡単にご紹介しておくと、まず前文(procemium)で、悪霊を「天使と同種の被造物」であり「神に敵対する悪魔と呼ばれるもの」と認めた上で、そうした悪魔による影響が人や場所、物の中に見られる以上、「教会はこれまで同様、人間が悪魔の誘惑から解放されるよう祈り続ける」と記されています。

ローマでのエクソシスト養成講座の開始

九九年の改訂から五年後、すなわち二〇〇四年に儀式書の修正が行われました。さらに翌年、ローマ教皇庁立大学のひとつアテネオ・レジーナ・アポストロールムにエクソシスト養成講座、正確にはエクソシズムの任務に関する講座が開設され、これもまた大きなニュースになりました。

「バチカンは一九九九年に『悪魔は実在する』と公式に表明した。それだけでも驚きだが、ついにエクソシストの養成にまで乗り出した」

そのような形でセンセーショナルに報じる欧米のメディアもありました。

エクソシスト養成講座が開設されたときのことはよく覚えています。

当時、私はちょうど神学校（現在の日本カトリック神学院）の神学生になったばかりでしたが、司祭になる勉強をしていた私にとっても、それは驚きの発表でした。

「教会は今も悪魔祓いをやっているのか」と意外に思いながらも、「それはそれで有意義なことだろうな」とも感じました。

悩みや不安、苦しみを抱えている人たちに対して、現代医学はさまざまな方法で対応しています。しかし、それでも精神的苦痛から解放されない人が数多くいます。この問題について「教会にも何かできることがあるはずだ」と、私は当時から考えていました。

「自分は悪魔に憑かれています。毎日すごく苦しいんです」

そう訴える信者が教会にやって来たとき、とにかく私たちはサポートをしなければなりません。教会が提供する霊的な奉仕というものは単なる気休めなどではなく、苦悩にある人を寛容に受け止める実存的なものであってほしいと私は思ったわけです。

そのサポートの方法のひとつに、エクソシズムもあるのではないか。精神疾患に悩まされている人のケアも含めて、もう少し幅広く教会の役割、エクソシズムの存在意義を捉えてもいいのではないか。あるいはもしかすると、エクソシズムはそのための古くて新しいメソッドになり得るかもしれない。教会がその人たちに何か手を差し伸べる方法論としてエクソシズムは重要なのではと、エクソシストの養成講座が開設されたというニュースを聞いたとき、私はそんなことを考えたのです。

人格的な力を持つ悪魔

一連のバチカンの発表は、悪魔や天使、そして神ですら偶像化しがちな現代社会にあっては大変印象的な報道となりました。つまり信仰と救い、罪と罰といったことを、単に概念的、精神的な次元に追いやる見方は決して適切ではなく、現実的な救い、幸せの根幹にある神と人との関わり、悪と対峙する信仰の力を改めて強調するものとなったからです。

記者会見で「悪魔は実在する」と述べたエステベス枢機卿はまた、悪魔の存在を信じることに関しては、「認める、認めないという見解の問題ではなく、それはカトリックの信仰であり教義の一要素である」と戒(いまし)めました。

よく言われることですが、「人が悪魔の存在を否定する、あるいは信じない時点ですでに悪魔は凡(およ)そ勝利を収めている」ということなのです。

教会がいう悪とは、単なる不運だとか不幸だとかといった適当に解釈できるような偶然の話などではありません。「神の被造物――特に人間を善あるいは真理から、真の幸いから引き離し、誠実さや真心、信頼、希望、愛を払拭(ふっしょく)させるほどの実存的な力のある働き」というのが、悪についての教会の認識です。

最近の日本の教会でも、「悪魔」という言葉ではなく、概念上の「悪」という表現を使う聖職者が本当に多いのですが、教会がいう悪とは、決して単なるイメージではない、観念で片づけられる話ではありません。気持ちや考え方を切り替えればいいという安易なものではない。それなら神様はいりません。悪魔と対峙しない教会の存在意義とは一体何なのでしょうか？　教会はボランティアセンター、NPOやNGOの類の社会活動の組織ではありません。

サタン・悪魔という言葉は、そもそも「誘惑する者」という意味です。悪魔とは、人間が自分では気づかず、自分は正しいと思い込んで大きな罪と呼べるようなことを平気でやってしまう抗えない力、あるいは誘因でもあるのです。

洗礼式とエクソシズムはワンセット

たとえば洗礼式では、洗礼志願者は「神を信じます」という信仰を宣言する前に、「私は悪霊とその働きを退けます」という宣誓をします。悪霊の首領たる存在が悪魔ですから、悪霊を退けるという宣誓とはつまり、悪魔の拒絶です。それは人生をかけた戦いです。悪魔の力ではなく神の力にこそ寄り頼む生き方の決意、それが教会の信仰告白なのです。

宣誓だけでなく、洗礼式には、受洗志願者が悪魔から解放されることを願う祈りもあります。実はこれもエクソシズムのひとつで、悪魔に憑かれた人に行う儀式を「大エクソシズム」または「盛儀のエクソシズム」と呼ぶのに対して、洗礼式での悪魔祓いの祈りは「小エクソシズム」と呼びます。大小の区別があるわけですが、どちらも同じエクソシズムです。つまり、古くから洗礼式とエクソシズムはワンセットなのです。細かい話は省略しますが、これは幼児洗礼でも同じです。

ですから、もしも教会が悪魔の存在と働きを否定すれば、洗礼の意味も、信仰の意味も失われてしまいます。悪魔が単なる観念であるのなら、洗礼式の宣誓も祈りも、単なるポーズになってしまうでしょう。

また、キリスト信者が日々唱える「主の祈り」には、「わたしたちを誘惑に陥らせず、悪からお救いください」という一文がありますが、ここにある悪とは、悪魔のことなのです。したがって、もしも悪魔の存在を否定するのであれば、主の祈りもまた単なる形だけのもの、空に向かって拳を打っているようなものということになってしまいます。

ゆるしの秘跡（告解）にしても、それは同じです。罪を告白してゆるしを得るためには、自分にとっての「悪とは何か」「罪とは何か」を正しく認識していなければなりません。自らの悪が明確になっていなければ、罪もまた明確にはならないわけです。

悪とはつまり、神を遠ざける悪魔や悪霊の働きです。悪の働きの結果としての自分の罪を悟ることなくして、罪のゆるしは成立しません。ただきれいごとを言うだけでは、罪のゆるしは成立しない（無効である）のです。悪とその結果の罪を悟ることができるのは、信仰の賜物なのです。

カトリックの信者には、ゆるしの秘跡に与る義務があります。信者なら誰でも、折に触れ、わが身を顧みて、罪を告白しなければなりません。これは聖職者も同じです。「信者」という広い括りの中には聖職者も含まれますから、たとえば私自身も、定期的に罪を告白しています。

人はみな常に悪に悩まされます。また悪に傾きやすい弱い存在です。キリストへの信仰によって新たな命を生きることになった信者も、その例外ではありません。もちろん洗礼によって根本的な罪とのつながり、原罪は断たれてはいるものの、日常的に悪魔の働きを警戒し、ゆるしの秘跡を通してその誘いを拒絶しなければならない。そうすることで真のキリストの兄弟姉妹として善に向かって歩んでいけるのだと、教会は教えています（ただ近年、多くの信者はゆるしの秘跡に与らなくなってきています）。

ですから、もしも悪魔がいないのなら、ゆるしの秘跡の意味も失われます。罪を告白するのも、悪を拒絶するのも、単に形をなぞるだけの行いになってしまうし、教会の教えはただの文字だけ、祭儀も虚しい慣習になってしまいます。

聖なる生活を深めていくためには、同じくらい鋭く悪の働きを認識する力、そして退ける力がどうしても必要です。教会において神の働きを大切にすることと、悪魔の働きから守られるように祈ることは、実は表裏一体の関係にあります。自分のうちにある悪、社会にある悪の働きをよく認識することは、善なる神の働きにいっそう寄り頼む生き方につながるのです。だからカトリック教会は今も悪魔の存在を認めているし、これからも否定しないのです。

教皇たちの発言

「悪魔は実在する」というエステベス枢機卿の発言は大きな注目を集めましたが、実は歴代の教皇たちも、悪魔についての発言や活動をたびたび繰り返してきました。

その中で代表的なものをいくつか挙げてみましょう。

教皇レオ一三世（在位：一八七八〜一九〇三年）

近代の教皇の中でエクソシズムに関して必ずその名が出される人物として、教皇レオ一三世がいます。

彼は、労働者をめぐる社会問題を扱った回勅『レールム・ノヴァールム（資本と労働の権利と義務）』によって「補完性の原則」や国際労働機関（ＩＬＯ）の設立理念に影響を与えたことでも知られています。一方で教皇レオ一三世は伝統的な聖トマスの神学の重要性を強調した人物としても有名ですが、悪魔の働きに対して実に敏感であったとも言われています。彼は独自に悪霊に対抗するキリスト信者の祈りを作成し、一八八四年に『サタンと堕天使へのエクソシズム』（*Exorcismus in satanam et angelos apostaticos*）を公布しました。

教皇レオ一三世が作成したのは洗礼式の際の小エクソシズムとも、盛儀のエクソシズムとも異なるもので、ある意味独特なこの儀式書は、一九五二年に改訂された旧ローマ儀式書（第八版）第一二部の第三章『悪魔に苛まれる者の為のエクソシズム』として収録されました。

教皇パウロ六世（在位：一九六三～一九七八年）

一九七二年一一月一五日の水曜日の一般謁見において教皇パウロ六世が語った言葉の中に次のようなものがあります。

「今日、教会にとって最も必要なこととは何でしょうか？　我々の答えは、最も必要とされていることです。つまり個々の人間や共同体、また社会や事件に影響を及ぼしうる悪魔という名を持つ悪しき力からの防衛です。どうかこのことをつまらない迷信だ、非現実的だとあきれないで欲しいのです」

この発言は、当時不評を買ったとも言われていますが、教皇パウロ六世は悪魔が単なる抽象概念ではなく二〇世紀後半の科学社会において現実にうごめく闇の力であると語っていることは注目に値します。

教皇ヨハネ・パウロ二世（在位：一九七八〜二〇〇五年）

教皇ヨハネ・パウロ二世は教皇在位中にエクソシズムを行った経験を持つことでも有名ですが、一九八七年五月二四日の訓話の中で次のように述べています。

「悪魔に対する戦いは、大天使聖ミカエルの最も卓越した働きです。それは、今日に至ってもなお継続されている戦いです。なぜなら、悪魔はいまだに生きていて世界において活動しているからです。今日、我々を取り巻いている悪魔は、我々の社会において病的な混乱をもたらしています。人類の不一致や破壊的な活動が原罪に起源を持つだけではなく、サタンの力の浸透と闇の働きの結果によるものでもあるのです」

この発言の重要な点は、悪が決して罪と関連した単純な「あるべき善の欠如」とか「倫理的悪」、不運・不幸といった類の問題ではなく、人格的な悪しき力の結果だとされている点です。

教皇ヨハネ・パウロ二世は、「悪魔は擬人化した悪」と規定した上で、「悪魔の影響は今日でも見られるのですが、キリスト信者は悪魔を恐れる必要はありません。しかし、悪魔から完全に解放されるためには、とき（最後の審判）の到来を待たなければなりません。それまでは悪魔に勝利したイエスを信じ、そのことを慰めとしなければならないのです」と述べています。

また、結婚した人間にとって「自分自身の如く隣人を愛せよと」いう聖書の掟が示す対象は、まず自身の配偶者からであるとして、教皇ヨハネ・パウロ二世はヨハネによる福音書を引用して次のように述べています。

「隣人に対して行われるすべての暴力行為の根源には、悪魔の考え方に同調する傾向があります。悪魔は『初めから人殺しである』（ヨハ八・四四）からです」

教皇ベネディクト一六世（在位：二〇〇五～二〇一三年）

教皇ベネディクト一六世は、二〇〇五年の聖金曜日に教皇ヨハネ・パウロ二世の代理として十字架の道行きの先導をした際に次のように語っています。

「あなたの教会を憐(あわ)れんでください。教会の中で、アダムがいつも堕落を繰り返しています。私たちの堕落によって、あなたを地に叩きつけ、引きずっており、サタンがそれを見てあざけ笑っています。サタンは、あなたがもう立ち直れず、教会の堕落によって地に落ち、引きずられているゆえにあなたが負け、地に叩きつけられたまま倒れてしまうことを望んでいます。しかし、あなたは立ち上がられました。あなたは復活し、私たちをも立ち直らせることがおできになります。あなたの教会を救い、聖化してください。私たちみなを救い、聖化してください」

その後、教皇ベネディクト一六世は、二〇〇七年に各司教区にエクソシストを必要な数、少なくともひとりは配置するように指示したと言われています。

教皇はまた以下のようにも語っています。

「神は決然として、ご自分の子らを奴隷状態から解放し自由へと導かれます。最も重大かつ深刻な奴隷状態は、罪による奴隷状態に他なりません。それゆえ神は御子(おんこ)を世に遣(つか)わしました。それは、人間を『あらゆる罪の起源また原因』であるサタンの支配から解放するためです。神は御子を私たちの死すべき肉のうちに遣わしました。それは、御子があがないの犠牲となり、十字架上で私たちのために死ぬためです。このすべての人のための決定的な救いの計画に、悪魔は全力で歯向かいます。毎年、四旬節(しじゅんせつ)第一主日(しゅじつ)に朗読される、荒れ野でのイエスの誘惑に関する福音が特に示すとおりです。実際、四旬節に入ることとは、常にイエスの側に立って罪に逆らうことです。個人としても教会としても悪霊と霊的に戦うことです」（二〇一一年三月一三日「お告げの祈り」）

「イエスは荒れ野に赴き、そこで御父から示された道を離れ、他のより安易でこの世的な道に従うことへの誘惑を受けました（ルカ四・一―一三参照）。こうしてイエスは私たちの誘惑を背負い、私たちの悲惨な状態を担いました。それは悪い者に打ち勝ち、神への道、すなわち回心の道を私たちに開くためです」（二〇一三年二月一三日の一般謁見）

教皇フランシスコ（在位：二〇一三年～）

教皇フランシスコは、教皇に選出された際の最初の説教以来、説教あるいは教皇文書の中で繰り返し悪魔の存在とその悪しき働きについて言及しています。教皇は、「信仰に堅くとどまりなさい」（一ペト五・九）と述べた聖ペトロと同様、キリスト信者たちに忠告し続けています。

「『どうして悪魔などという、時代遅れなもののことを話すのだろう。悪魔なんていないのに』と言う人が大勢います。しかし、福音書の教えに目を向けてください。イエスは悪魔に立ち向かいます。イエスは悪魔から誘惑を受けましたが、それらをすべて退け、誘惑に打ち勝ちました。……もっとも過酷な試練のときにも、神は私たちを放っておかれません」（二〇一九年五月一日の一般謁見演説）

「毎年、四旬節が始まるたびに、イエスが荒れ野で誘惑を受けたことを記したこの福音の箇所は、主の足取りをたどるキリスト信者の生活が悪魔の霊との戦いであることを、私たちに思い起こさせてくれます。この箇所は、イエスが進んで誘惑者（サタン）に立ち向い、打ち勝ったことを伝えると同時に、悪魔はその誘惑によって、私たちにも働きかけることができることも明らかにしています。私たちの際限のない罪、私たちの過ちを望んでいるこの抜け目のない敵の存在に気をつけなければなりません。そして、悪魔に立ち向かい、戦う備えをしなければなりません。この敵への勝利は、信仰と祈りと回心があれば、神の恵みによって約束されています」（二〇二一年二月二一日「お告げの祈り」）

二〇一八年に発表された使徒的勧告『喜びに喜べ』の一五九－一六二項では、明確にキリスト信者の聖性への道のりは、絶えざる悪魔との戦いであることを教皇は強調しています。教皇は、悪魔とは「単なる神話でもなければ観念でもない」ことを強調しており、現実的に信仰者の生活を教会のさまざまな手段を通して霊的に成熟させ、善性、愛を増すことによって悪の働きに打ち勝つ必要があることを強調しています。

「私は、この世や世俗的な精神性に抗う闘いだけを問題にしているのではありません。また己の弱さと性向（誰しもがその人なりに持っているもの、怠け癖、色好み、やっかみ癖、やきもち焼きなど）との闘いだけに還元されるものでもありません。それは、悪の君であるサタンとのやむことのない戦いでもあるのです。イエスが自ら私たちの勝利を祝ってくださいます」（一五九項）

「福音書で語られている事例はすべて精神的な病であるとか、結局悪魔は存在しない、悪魔の働きなどないと言って、現実を極端に単純化すべきではありません。……事実、イエスは主の祈りを教えてくださった際に、悪魔からの解放を御父に願ってこれを締め括るよう望まれました。主の祈りで使われている表現は、抽象的に悪いものを指しているのではなく、より厳密な訳でいえば『悪魔』です。それは私たちを執拗に苦しめている人格を有した存在です」（一六〇項）

「神のことばは、『悪魔の策略に対抗して立ち』（エフェ六・一一）、『悪い者の放つ火の矢を悉く消す』（エフェ六・一六）よう私たちに明確に求めています。これは大袈裟な物言いではありません。聖性に向けた道のりは、絶えざる悪との戦いでもあるからです。これを認めようとしない人は、失敗や凡庸に陥る危険があるでしょう。私たちには、戦いのために神が与えてくださった強力な武器があります。祈りとなって表れる信仰、神のことばの黙想、ミサを捧げること、聖体拝領、和解の秘跡、愛徳のわざ、共同体生活、宣教の熱意です」（一六二項）

悪魔を否定することは、聖書そのものを否定すること

このように、歴代の教皇たちは、確かに悪魔の存在とその働きについて明言しているのです。

中でも、教皇フランシスコが悪霊の憑依現象という具体的な事例を前提として、二〇一七年度の教皇庁内赦院裁判所主催の内的法廷に関する講座の参加者との謁見の際に、ゆるしの秘跡の機会に悪霊の憑依が疑われるケースに遭遇した場合には、聴罪司祭は慌てず、また過度に神経質になることなく賢明かつ慎重に状況を判断するために事案をエクソシストに委ねるようにと勧告したことは注目に値するでしょう。

この教皇の勧告を受け、内赦院裁判所は全世界の教会にあててエクソシストの設置を改めて促しました。

実際、教皇フランシスコは二〇一四年に国際エクソシスト協会の活動を前任者に続いて承認しています。

教皇フランシスコの意図としては、おそらく社会全体に漂う悪の力も、個別の悪霊の憑依の問題も、教会が対処すべき現実的な課題であることに違いはないということでしょう。教会は本性からして単に社会問題に対処するための組織ではありません。もちろん結果的にそうなることはあります。しか

し、教会はまずもってキリストの愛によって、つまり霊的な働きにおいて世を救うための組織であることを忘れてはならないのです。

一九七五年の教皇庁教理省の文書『悪魔に関するキリスト教信仰について』(*Fede cristiana e demonologia*)には、これまでの教会の悪魔に関する教えがまとめられています。この文書の強調点は、やはり悪魔を単なる抽象概念に貶めることを厳しく戒めている点です。

以上のような近年の教皇や教会の教導は、おそらく教会において悪魔が悪の象徴的概念にすぎないという考え方が増加したことへの対抗措置であるとも考えられます。繰り返しますが、悪の実在、現実的な力を否定することは、聖書そのものを否定することにつながるのです。

『ナルニア国ものがたり』などの著者として知られるC・S・ルイスは、信徒伝道者でもありましたが、彼はその著書『悪魔の手紙』において、「人間を誘惑するという悪魔本来の仕事にいざ取り掛からんとしている小さく経験も浅い未熟な悪魔でも、人間に『悪魔は存在しない』と信じさせることができた時点でその闘いに半分勝ったも同然である」と述べています。

いずれにしても、これまで見てきたように、カトリック教会は現代社会においても悪魔の存在とその働きを明らかに認め、かつそれに対する教会の役務と祈りの大切さを人々に再認識させ、深める姿勢を明確に示していることが分かるでしょう。教会がただ形だけの宗教団体に成り下がり、積極的に善、愛徳、聖性を目指す取り組みをやめれば、あっという間に神から遠ざかり、俗なるものへと転落していくのは容易いことでしょう。

ならば悪魔祓いとは、具体的にどういうものなのか。神学生だった私は、さっそく神学校の先生たちに聞いてみたのですが、ほとんど何も分かりませんでした。意外にも、詳しく説明できる人がほとんどいなかったのです。

もちろん神学校では、悪魔や悪霊についても教えています。しかし、深入りはしません。悪魔や悪霊を祓う神の力としての聖霊の働きについても突っ込んだ説明はありません。どちらもきわめて大切な話だと、私には思えます。しかし、どういうわけか詳しく教えてはいないのです。もちろん聖霊の働きについては教授たちの口からよく聞かれます。では悪魔を退ける働きがなければどうなるのか？別に放っておいてもよいことなら、聖霊の働きなど大したことではないのではないか？　この世の悪、中でも教会の不祥事、聖職者の問題についてはどう説明するのか？　いや、待てよ。人間の弱さとそれにつけこむ負の力について、その対抗策も含めて具体的に聞いた記憶があまりないぞ。

だったら自分で勉強してみよう。そう思って、まずは新旧の儀式書を手に取ってみました。

神学校には、ローマ教皇庁が出版した本がすべて入ってきます。一九九九年に改訂された儀式書はもちろん、一六一四年に制定された古い儀式書も神学校の図書館にありました。いずれもラテン語で書かれていますが、ラテン語は神学校では必修科目ですから、どうにか読むことができました。

そのときに私は初めて、「悪魔憑きと精神疾患はきちんと区別しなければならない」と教会が古くから注意していることを知りました。

悪魔憑きか、精神疾患か

高名なエクソシストであり、映画『ヴァチカンのエクソシスト』の主人公のモデルにもなったガブリエレ・アモルト神父は、「悪魔祓いの相談のうちの九八パーセントは、精神疾患を抱えた人の相談だ」と言っていたそうです。

前章でも紹介した、その後の私の体験から言っても、九九パーセントが精神疾患だと思います。が、残りの一パーセント、あるいはそれ以下であったとしても、精神疾患とは異なる原因不明な現象があることもまたエクソシストが認める事実なのです。すべてが科学で説明がつくことはない。これは元エンジニアだった私も同意するところです。

日本のカトリック教会は沈黙

新旧のエクソシズムの儀式書を初めて読んだ翌年、すなわち二〇〇六年に、私は悪魔祓いをテーマとした論文の執筆を始めました。神学の学びの総まとめとしての論文に、悪魔祓いをテーマに選んだのです。

その動機をひとことで言えば、「日本の教会では誰も何も言っていないから」ということです。

一九九九年に儀式書が改訂されてから二〇二五年の今日まで、日本のカトリック教会は悪魔祓いについて何もアウトプットしていません。私が知る限り、学術論文も出ていないし、カトリック雑誌に詳しい記事が出ることもなかったのです。海外ではさまざまな発言がなされているのに比して、日本の神学者や聖職者は、悪魔祓いについてほぼ沈黙しています。

論文の執筆に先だって、まず儀式書を翻訳しました。神学校の教員からサポートを受けながら、最初に九九年版を、続いて一六一四年版の古い儀式書を英語の試訳版を頼りに翻訳して、それから関連資料を集めて論文を書き始めたわけです。

当時の思い出として今も鮮明に記憶にあるのは、神学校で霊的指導をされていたJ神父との対話です。

J神父はフランス出身で、かつてはパリミッション会で総長を務めたこともある方なのですが、その頃はもう好々爺然とされていました。あるとき私が、「実は悪魔祓いの研究をしようと思っているんです」と打ち明けると、J神父は穏やかに微笑みながら、こう言いました。

「そんなことを研究してどうするんですか？　あなたはこの学校で、悪魔祓いをするつもりなんですか。そんなことをしたら、ここから誰もいなくなってしまいますよ。私もいなくなるかもしれません」

要はフランス流のジョークです。神学校にいる神学生も教師も、みんなどこかしら悪いものだと、J神父は皮肉を言ったわけです。

聖職者の中にも、悪魔的な行いに手を染める不届き者がいます。そのような聖職者たちにまつわるニュースが、当時は大きく取り沙汰されていました。だからJ神父はそんなジョークを言ったのかもしれません。

もちろん彼は悪魔祓いの論文を書くことに反対していたのではなく、それどころか応援してくれました。儀式書や教皇庁の文書の翻訳、解読を手伝ってくれたのも、実はこのJ神父です。

悪魔祓いについての唯一の論文

論文を書き上げたのは、二〇〇七年の秋のことでした。

『カトリック教会の祓魔式に関する神学的考察』と題したこの論文を、私は自分の教区の司教をはじめいく人かの司教にも贈呈しています。仮の儀式書の日本語訳も、併せて届けました。

九九年版の儀式書が発行されたのち、ローマ教皇庁は各国の司教協議会に対して、儀式書を自国語に翻訳するように指示しています。もちろんその指示は日本にも届いています。ですから私は、いずれ行われるであろう翻訳作業に役立つのではないかと考え、司教たちに日本語の試訳を贈呈したわけです。それぞれの教区本部に日本語の儀式書があれば、どこかで何かの役に立つかもしれない。どこかそんな思いもありました。

カトリックの儀式書はバチカンがラテン語で規範版を公布し、各地の司教協議会が公式の各国版を作成することになっています。

ところがしばらくして、まことしやかな噂が私の耳に届きました。

「日本のカトリック教会は、悪魔祓いの儀式書の日本語訳を出さない」というのです。

もちろん噂はあくまで噂です。「悪魔祓いの儀式書の邦訳は出しません」などといった表明は、当時はいっさいありませんでした。今もありません。しかし噂を聞いてからほどなく、ある司教にこう言われました。

「日本の教会には、悪魔祓いは必要ない。悪魔というのはその人の心の問題なんだ」

先述したように、二〇世紀以降の歴代教皇、あるいは教会の公式の教えは、現実生活における悪魔の働きを認めています。のみならず「悪魔など存在しない」と楽観視すること、悪魔を観念的な存在として軽視することを戒めています。にもかかわらず、その司教は「悪魔はいない、心の問題だ」と言ったわけで、これには驚きました。「そういう捉え方は、物事の一面しか見ておらず、さすがに問題ではないだろうか」と首をひねらざるを得ませんでした。

司教というのは、司祭を束ね教区民を導く立場にある人です。そういう人がそんなことを言ったのですから、もしかすると噂は本当だったのかもしれません。少なくとも、儀式書の日本語版が今なお準備されていないのは事実です。

私が二〇〇七年に書いた論文は、その後何度か修正を加えたのち、南山大学の紀要『南山神学』(第四六号・二〇二三年)に掲載されました。悪魔祓いについて言及した日本人聖職者の論文は、おそらく他に存在しません。

これは問題だと言わざるを得ないでしょう。一九九九年に儀式書が改訂されてから四半世紀が過ぎているというのに、いまだに翻訳がなされず、関連の論文がたった一本というのは由々しきことだと思うのです。日本のカトリック教会は、悪魔と真剣に対峙する意思がないのではないか。社会問題を扱っているほうが満足できる。しかし、それはご都合主義ではないのか。そうした懸念が私にはあります。

儀式書はなぜ、四〇〇年ぶりに改訂されたのか

日本のカトリック関係者はなぜ、悪魔に言及しないのか。その理由は定かではありませんが、悪魔や悪霊について否定的な人たちがいるのは確かです。私が知っている狭い範囲だけでも、「悪魔なんていない」「ただの精神疾患だ」と公言している聖職者が何人もいます。のみならず、実はローマ教皇庁内にさえ否定的立場を取っている人たちがいます。

少なくとも九九年版の儀式書が改訂される際、教皇庁内部に反対の声があったのも事実です。

この問題はいささか話が込み入っているのですが、そもそもなぜ、約四〇〇年にわたってほとんど姿を変えてこなかった儀式書が、二一世紀を目前に控えた一九九九年に改訂されたのかといえば、その発端は第二バチカン公会議でした。

第二バチカン公会議というのは、一九六二年から六五年にかけて開催されたカトリック教会の最高権威を有する会議です。最初の公会議は三二五年の第一ニケア公会議でした。公会議には全世界の教会からすべての司教が集まります。その最終目的は教会の課題を解決するため、言い方を変えれば教会を刷新し続けることなのですが、それに際して、聖書、教義、神学、典礼、宣教、司牧（しぼく）、エキュメニズム（キリスト教諸派一致運動）、教会法など、多岐にわたるテーマについて議論が交わされます。

その結果、一定の結論が公文書として出されるものもあれば、検討継続となるものもあります。エクソシズムもそのひとつです。

それまでのカトリックの教会法典（*Codex iuris canonici*：一九一七年公布）にはエクソシズムに関する条文があったのですが、第二バチカン公会議後の会議で、「これはもう削除してもいいのではないか」という意見が出ていたことが、当時の関係資料に記されています。

しかし、ローマ教皇庁は最終的に「削除しない」と決めて、一九八三年に公布された現行教会法典にエクソシズムに関する規定が残されました（一一七二条）。そこに示されているのは儀式の手続き、執行の際の注意点など最小限の事項ですが、教皇庁は、エクソシストという存在とその役割をその時点で改めて公認したわけです。

それから一六年の時を経た一九九九年、今度は儀式書が改訂されました。第二バチカン公会議の終了時から数えて三四年目に、ようやくエクソシズムの儀式の刷新がなされたわけです。それは一連の儀式書の改訂作業の最後のものとなりました。

「悪魔祓いなんて時代遅れだ」という意見は今もあります。しかし、ローマ教皇庁はそれとは正反対の立場を取っていて、悪魔や悪霊といった闇の力の働きを明確に認めています。別の言い方をすれば、教会が古代から連綿と守り続けてきたものを、今後も堅守していくと内外に示しているのです。

科学全盛の現代に、カトリック教会が悪魔の存在を認めているのは、ひとえに「悪魔の存在を否定するのは、神の存在を否定するのと等しい」からなのです。

第二バチカン公会議後の典礼刷新

儀式書の改訂作業について少し詳しくご紹介すると、第二バチカン公会議後、ローマ典礼の儀式書（*Rituale Romanum*）の全面的な改訂作業は、それぞれの検討委員会（準秘跡の検討は第二三委員会）で取り扱われました。

そこでは、迷信的なもの、たとえば魔術的なもの、その他の本質的でないものをすべての典礼、儀式の要素から排除し再編集する作業が行われたといわれます。そもそも公会議は教会の秘跡的祭儀は神と人間との対話的な性格を持つことを主張しました。

準秘跡の検討委員会とは別の第二二検討委員会でもローマ典礼儀式書の入信の秘跡を扱っており、このふたつの検討委員会での議論を経て、洗礼式および盛儀のエクソシズムおよびその他の儀式における祈りから、悪魔に対する直接的な命令の式文が減らされ、嘆願の式文の重要性、優位性が増していきました。

新しい悪魔祓いの儀式書は一五年以上の時間をかけて準備されましたが、準備委員には専門家であるエクソシストが含まれておらず、バチカンの高位聖職者によってのみ改訂作業が進められました。そのため、伝統を重んじる現役のエクソシストたちからは、一九九九年版の儀式書について、「新しい儀式は悪魔に対してあまり効果がない」などと不満の声が出たといわれています。

現役のエクソシストたちからは準備委員会にいくつもの要求がなされましたが、用意されていた新しい儀式書に大きな変更が加えられることはありませんでした。ただし、経験あるエクソシストの意見もふまえた「エクソシズムの儀式執行のための司牧的手引書」(*directorium quoddam pastorale de usu exorcismis maioris*)を用意することという指示が儀式書に付け加えられました。なおその手引書は、現在、国際エクソシスト協会が刊行しています。

さらに、エクソシストたちから「旧版の儀式の有効性を認めてほしい」との願いが出され、九九年版儀式書発行の翌日にエステベス枢機卿は、旧版のエクソシズムの儀式書の使用を認める旨の文書を出しました。

その結果、エクソシズムの儀式に関しては、歴代のエクソシストが用いてきた四〇〇年来の旧儀式書が、新儀式書に完全に取って代わられたのではなく、必要であれば今もなお旧儀式書の使用も可能であるという結論に至りました。

ローマで出会ったエクソシストたち

神学校を卒業したのち、私はローマの教皇庁立ウルバノ大学に留学しました。専攻は教会法です。

このローマ留学中の四年間に、私は何人かのエクソシストと出会いました。自分から会いに行って話を聞いたわけではなく、滞在先の教会施設に出入りする人、大学で講義をする教授やコレジオの黙想会の指導者たちの中に、何人かのエクソシストがいたのです。

たとえば神学の教授がエクソシズムについて話すこともあれば、黙想指導者としてコレジオに招かれた神父が、「私は××教区のエクソシストです」と自己紹介をしたこともあります。また、「私はエクソシストにいろいろと霊的な相談をしています」という信者にも、何人か出会いました。イタリアの教会では普通のことだったのですが、そういうことに対して、当時の私にはまだ物珍しさがありました。他の多くの学生たちも、私と同じだったと思います。

実は、新しいエクソシズムの儀式書の公布以来、欧米ではエクソシストの数が急増したと言われています。特にイタリアでは、かつて二〇～三〇名だったエクソシストが一〇〇人単位の規模にまで増えたと言われています。

イタリアには三〇〇人を下らないエクソシストがいて、悪魔祓いが頻繁に行われているということ自体は知識として知っていたものの、実際に当事者と対面したときには、ちょっとした驚きがあったわけです。ちなみに全世界では、正確に知られていませんが、おそらく一〇〇〇人近くのエクソシストがいると言われています。

教皇庁立大学のエクソシスト養成講座

前述したとおり、九九年版の儀式書の小改訂が行われた翌年、つまり二〇〇五年からローマの教皇庁大学アテネオ・レジーナ・アポストロールムにエクソシストの養成講座、正確にはエクソシズムの任務に関する講座が開設されました。実は私も、留学中の二〇一三年にこの講座を受講しています。

この講座開設の理由として、人間学専門のチェチリア・ガット・トロッキ教授は、オカルティズムへ傾倒する若者たちの増加と、それが社会や文化に与える影響への懸念を挙げました。

古いデータですが、一九九八年のローマ・ラ・サピエンツァ大学の調査では、ローマに居住するカトリック信者のうち、日頃から教会に通う人口は僅か一〇パーセント程度で、七〇パーセント以上は年に一度教会へ行くか行かないかという状況であったそうです。さらに近年、日本をはじめとする数多くの新宗教が大きな宗教施設をローマ市内に次々に建てていることからも、カトリック教会は信仰に対する危機感を募らせていました。日系の新宗教でいうと、立正佼成会、創価学会、崇教眞光、幸福の科学、真如苑、阿含宗などが勢力を伸ばしているそうです。

そういった流れの中で、エクソシズムの講座が開催されるようになったことは、教会の現代社会の不安な状況に対するひとつの打開の手段であったとも受け取れるでしょう。

同講座の初期の指導者のひとり、パオロ・スカラフォニ神父は、「最近、ますます悪魔が人間の生活に介入していることには疑いがありません……みなさん全員がエクソシストになるわけではないか

図3　ローマ教皇庁立大学のエクソシスト養成講座を著者が受講した2013年当時の教科書のひとつ。地下鉄サリン事件についての記述がある。

もしれませんが、あらゆる聖職者にとって悪魔が取り憑いた状態と心理的問題とを識別する方法を知ることは必須です」と受講生に向けて語りました。

エクソシストの養成講座の開催時期は、毎年、復活祭（春分の日の後、最初の満月の次の日曜日）が終わった頃で、集中講義が朝から晩まで一週間（月〜土曜）続きます。この時期は、ちょうど聖職者が復活祭の休暇を取る時期でもあります。受講者は二〇〇〜二五〇人くらいでした。講座が開設された当初、受講者は司祭に限られていたのですが、現在は一般にも門戸が開かれています。たとえば他の宗教の人たちが受講することさえあるようです。受講費用は以前は三〇〇ユーロほどだったと記憶していますが、現在は値上がりして五七五ユーロとのことです。

養成講座ではまず宣誓があります。「この講座で聞いた悪魔憑きの事例について、個人情報はいっさい口外しません」という宣誓です。

当時の教科書やタイムテーブルは、今も私の手もとにあります。それを見直してみると、「人間学」「儀式の意味について」「エクソシズムの聖書的側面」などの他に、神学、教義、教会法、典礼、シンボリズム、現象学といった講義があります。さらに薬学、医学、心理学などの講義もあって、これは悪魔祓いの希望者に精神疾患の患者が多数いることを念頭に置いたものでしょう。

その他、社会学や法律、犯罪論などの講義があって、学生同士、あるいは学生と講師とのディスカッションもあります。最終日にはエクソシストたちの講義があります。

当時の養成講座の教科書には、地下鉄サリン事件についての記述もありました。無差別殺人という悪魔的な行いをもたらすエセ宗教の事例——ということで、日本のオウム真理教によるあの事件が紹介されていたわけです。

エクソシストの公式ライセンスは存在しない

しかし不思議にも、実践的な講義はありませんでした。たとえば「聖水はこうやって撒きます」とか、「十字架はこうやって振りかざします」という漫画などで描かれる魔法学校のエピソードにありそうな実技講座はないのです。儀式書はラテン語で書かれていますが、発音練習もありませんでした。もっとも、これは二〇一三年当時のプログラムです。ここで示した講座の内容は、その後さまざまに変更されています。今は当時より幅広くエクソシズムについて教えていますし、実践を考慮した講義も増えているようです。

受講後には修了書が発行されますが、しかし修了書は「あなたは悪魔祓いの儀式を執行できます」

というお墨付きではありません。ちなみに私はすべての講義には出ていなかったため、修了書はもらっていません。

前述したように、悪魔祓いの儀式を執行できるのは司祭以上の位階にある聖職者です。それ以外の人たちはすべて、養成講座でどんなに一生懸命勉強してもエクソシストにはなれません。儀式を執行する司祭が「あなたはローマで養成講座を受講しましたか」と問われることもありません。私が国際エクソシスト協会に加入する際も聞かれませんでした。要するに、この講座はいわば大学の教養コースのようなものであるわけです。

ならば、エクソシストの公式ライセンスはどうすれば得られるのか。そう思う人もいるでしょうが、実はそのようなものは存在しません。「この試験に受かったらエクソシストになれます」とか、「こういう修業を乗りきったらエクソシストになれます」といった取り決めはないのです。あるとしたら、それは前述したように各教区の責任者である司教から正式に任命つまり儀式を執り行う許可（ライセンス）を司祭の任務として受けること、これです。

エクソシストの任務

エクソシストの任務は現行の教会法第一一七二条によって以下のとおり規定されています。

（一）地区裁治権者から特別に明白な許可を得ない限り、だれも悪魔に取り憑かれた者に対して適法に祓魔式を行うことはできない。

（二）この許可は、地区裁治権者によって、信仰心、学識、賢明さおよび品行方正な生活において秀れた司祭にだけ与えられなければならない。

地区裁治権者つまり教区の司教または司教総代理は、事例ごとあるいは一時的または無期限にエクソシストの任務を付与することができます。その際、自発的にまたは要求に応じて許可を与えることになりますが、許可を与える前に、中立人が祓魔式という任務を教会が行使するよう要求するに至った理由を考慮し、適切な注意を払いつつすべての要素を検討しなければなりません。

エクソシストに求められる資質としては、先に挙げたように、「信仰心、学識、賢明さおよび品行方正な生活において秀れた司祭」とされています。信仰心だけでなく学識が加えられているのは、特に現代のエクソシストにとって神学や典礼、教会法のみならず、科学的知識、特に医学や心理学、精神医学の知識は一定程度なくてはならないため、これらの習得は必須と考えられるからでしょう。場合によっては、司教の指導と調整のもと、エクソシストには医学や心理学などの適切な援助を与えてくれる専門家を加えたチームを組織することも可能とされます。

また、エクソシズムは、事情が許せば非カトリック教徒にも執行することが可能です（教会法第一一七〇条）。非カトリック教徒とは、他のキリスト教派において洗礼を受けた者と、洗礼を受けていない者の両方を指します。

儀式の執行者として選ばれる際の覚悟

ここで強調しておきたいのは、エクソシズムの儀式の執行者として選ばれるには、しっかりとした覚悟が必要だということです。

エクソシストは単なる興味本位で務まる職務ではありません。ふさわしくない者は職務を果たせないどころか、関係する人が危険にさらされる可能性も高くなる、責任ある任務なのです。

というのも、対応を誤って精神的・霊的な悩みを訴える人の心をかえって傷つけてしまう可能性もあれば、儀式に際して悪霊との関わりの中で自らの弱い本性が明るみにさらされる可能性もあり、自らの立場や、それまで築き上げた信頼関係すら危険にさらされてしまう可能性もあり得るからです。

その意味でもエクソシストは、日々の生活において敬虔さ、知識的豊かさ、慎重さを併せ持ち、そして生涯を道徳的にも正しく送り、さらにこの務めに関して特別に準備を重ねた聖職者でなければなりません。

このような心構えを促すよい事例として、第二バチカン公会議前の下位の聖職者としての祓魔師叙任式における司教の次のような訓話が参考になるでしょう。

「あなたたちに心がけてもらいたいことは、他の人々の体から悪霊を追い払えるように、あなたたちの心からも体からも、あらゆる汚れ（けが）や悪意を追い払うことである。あなたたちは、悪に身を委ねることなく、あなたたちの務めとして他者から悪を退散させるのである。あなたたちの務めにふさわしく、悪しき行いに対しては命令を発する術を学び、決して自らの権限で敵どもを退散させることのないように。まさに、他者のために悪霊たちに適切に命令を下すことができるのは、あなたたち自身がそれに先立って、あなたたちの心の中で悪霊たちのさまざまな悪意に打ち勝つことができている場合に限られるからである」

何よりも自らが神の前では至らぬ存在であることを自認できている必要があります。悪魔はエクソシストの本性など容易に暴露できるからです。

とはいえ、あまりに生真面目すぎて融通がきかず、人間的な大らかさや柔軟性を欠き、広い視野を持てない人間だと、容易に悪魔に手玉に取られ、対象者の精神状態や問題の状況判断、対応そのものを誤ることにつながりかねません。

その意味で、エクソシストにとって何より必要なことは、救いを求めて来る人のために、神に委ねて最善を尽くそうとする心、謙遜、慈愛の心だと言えるでしょう。もっとも、これはエクソシストの役務に限ったことではありません。

「期限付き」のエクソシスト

エクソシストの任命には、大きく二種類あります。

先ほども述べたように、ひとつは個別的な任命です。「この教区のこの事案について、あなたをエクソシストに任命します。儀式を行う際は、この神父と協力してください」という個別事案に対する任命です。問題が解決されれば、エクソシストの職務は解かれます。その神父がどこかでまた儀式を執行するときは、再度任命をしてもらわなければなりません。私が初めて儀式を執行したときは、こうした形での任命でした。

もうひとつは一般的な任命で、「この教区でエクソシストとして務めにあたってください」という対象や期限を定めない恒常的な任命、あるいは一定の継続期間での任命です。任命された神父は、その教区における事案をすべて、自己の責任と判断をもって処理します。イタリアやフランスでは、各教区にひとり以上のこのようなエクソシストが配置されているといいます。悪魔憑きの相談がそれだけ多く、また教会に相談しやすい土壌があるからでしょう。

恒常的な任命の場合、エクソシストとしての務めは職務を解かれるまで続き、その神父がエクソシストを引退すると後任が任命されます。

エクソシストたちはみな、古来継承されてきたことを各自で学んだ上で儀式を執行しますが、経験豊富な先達から教えを受けるケースもあります。たとえばガブリエレ・アモルト神父は一九八六年にローマ教区のエクソシストに任命されたのち、同教区の先輩エクソシスト、カンディド・アマンティーニ神父から指導を受けています。アマンティーニ神父もまた高名なエクソシストで、いわば師匠が弟子を育てるような形でエクソシストが養成されるケースがあるわけです。

先述したように、エクソシストの団体として国際エクソシスト協会というものもあります。一九九四年にアモルト神父によって創設され、二〇一四年に教皇庁から正式に公認されました。この協会は現役のエクソシストか、かつてエクソシストだった人たち、また、その支援者で構成されており、現在は三〇カ国以上、二五〇〇人を超すエクソシストが所属しています。協会では、任務を遂行していく上で必要な知見を深めるため、他のエクソシストと情報交換をしたり、セミナーを開いて学び高め合っていくといった活動をしています。ただ、この協会は、何かの権限を持っているわけではなく、言うなれば日本の士業連合会のようなものです。それを結成できるだけ欧米ではエクソシストが一般的に活動を行っているということが分かるでしょう。

からし種一粒の信仰さえあれば

世界のどの宗教、どの習俗でも、人に害をなす霊的存在が認められています。悪しき霊を祓う儀式もあります。「そうした霊的存在をキリスト教では悪魔、または悪霊と呼んでいる。それを祓う儀式がエクソシズムである」、そのように説明すれば、腑に落ちる人もいるかもしれません。

たとえば日本では、広く地鎮祭が行われています。小さな戸建て住宅の建設から始まって、ゼネコンやサブコンが手がける大規模工事でさえも、まずは神主や僧侶が祈るところから始まるわけです。特に大きな現場で働く職人は、経験からそうした神事を非常に重んじています。

他方、キリスト教には、「土地の祝福式」「家屋の祝福式」というものがあります。新しい建物が建てられるとき、司祭がそこに出向いて祈りを捧げ、聖水を撒き、その土地を祝福したり家を祝福したりする儀式があるのです。もちろんそれは地鎮祭などとは様式が異なります。しかし、主眼とするところには共通点もあると、私には感じられます。

そうした広い視点から考えれば、悪しきものを祓う力を本当に持っている人は、エクソシストに限らず、それが仏教の僧侶であれ、修験道の山伏であれ、悪魔を祓える可能性もゼロではないのかもしれません。

これはもちろん私個人の考えです。世が世なら、私も異端審問にかけられるでしょうか。しかし、たとえば新約聖書の『マルコによる福音書』には、イエスとその弟子たちとは縁もゆかりもない人が、イエスの名を使って悪霊を追い払っているというエピソードがあります。弟子のヨハネはそれをやめさせようとしますが、イエスはこう言います。

「やめさせてはならない。わたしの名を使って奇跡を行い、そのすぐ後で、わたしの悪口は言えまい。わたしたちに逆らわない者は、わたしたちの味方なのである」（マコ九・三九－四〇）

この言葉が示唆しているのは、悪霊を祓う力を持つのはイエスの直弟子だけではない、極論を言えばキリスト教に限らないということです。神に寄り頼む心が本物であるのなら、誰であれ悪霊を祓う恵みを神は与え得る。そうした解釈も可能でしょう。

同じく新約聖書の『マタイによる福音書』（マタ一七・一四－二一）には、イエスの弟子たちが悪霊祓いに失敗するシーンが描かれています。そのことを知ったイエスは、「いつまであなたがたに我慢しなければならないのか」と小言を言ったあと、たちまち悪霊を追い払います。

弟子たちは聞きます。

「なぜ、わたしたちは、悪霊を追い出せなかったのでしょうか」

イエスが答えます。

「あなたがたの信仰が薄いからだ」

そして、もし、からし種一粒ほどの信仰があれば、この山に向かって「ここからそこに移れ」と命じても、そのとおりになる――という説教を、イエスは付け加えています。

悪霊や悪魔を追い出すのは、単にモノとしての十字架の力でもなければ、聖水の力でもありません。ならば何なのかといえば、究極的には信仰の力です。聖水も十字架も信仰のシンボルであることは確かです。シンボルは偶像ではなく信仰を励起し鼓舞するものです。神に寄り頼む心が本物であれば、イエスと直接関係を持たない人でも悪しき力を退けることができる。その逆に、たとえイエスの直弟子であっても、真の信仰がなければ悪しき力を退けられないのだと、聖書は教えているわけです。そこから考えてみても、神の救いの恵みはより幅広く捉えられるべきだと思います。

第四章

エクソシズムの歴史と詳細

エクソシズムの役割

エクソシズムは、これまで繰り返し述べてきたように、カトリック教会の伝統的な儀式です。しかし、エクソシズムをモチーフにした映画や出版物によって、オカルトめいたイメージだけが独り歩きしている状況があります。また、悪魔祓いという儀式に関心や知識がなければ、エクソシズムを単に古めかしく現代では必要のない儀式であると一笑に付す人もいるでしょう。

確かに、実際のエクソシズムの儀式書の歴史的変遷や儀式の内容、意義などに関しては、日本においては教会の側からの公式な説明は乏しく、教会関係者ですら正しい認識をほとんど持っていないのが現状です。ただ、前章でご紹介したように、科学全盛の時代と言える二〇世紀以降の歴代教皇を始め、教会の公式の教えも、現実の生活における悪魔の働きそのものを実際に認めています。そして、それを単に観念的なものとしたり、あるいは現実的な悪魔の存在自体を認めず楽観的に片づけたりするといった人間本位の態度を厳しく戒めています。

さらに、これも繰り返し述べてきたことですが、現代においては、エクソシズムは精神医学的立場における解離性同一性障害などに対する対処法のようなものだったと捉えられる可能性もあります。解離性同一性障害などの精神疾患は、人の精神の深いところで負った傷に由来する疾患と考えられています。

現代では魔術的な意味での悪魔祓いでなく広い意味でのエクソシズムそのものの有用性の幅は狭まるどころかむしろ広がっているのではないかと私は考えるのです。

とはいえ、私の立場上、エクソシズムの儀式そのものは、あくまでも教会の公的な指示に従ってなされるべきものだと言っておかねばなりません。教会の信者は、エクソシズムを迷信めいた呪いや医療行為に代わるものだなどと誤解してはならないのです。

エクソシズムの語源

そこで、この章では、カトリック教会の伝統的な儀式としてのエクソシズムの歴史と、その詳細についてご紹介したいと思います。

エクソシズムは日本ではよく悪魔祓いと訳されますが、そもそもエクソシズムという言葉は悪魔祓いという意味ではありません。エクソシズムは、「厳格に誓う、宣言する」という意味のギリシア語「εξορχίζω」が語源とされています。

これは、元来、古代教会から受け継がれている洗礼式の直前の悪魔の拒絶と信仰宣言に由来しており、それがラテン語に取り入れられ、現在では「exorcizo」が「私は悪魔を追い出す」という意味として用いられるようになりました。

古代教会では、おそらくギリシア語本来の意味としてエクソシズムが捉えられていると思われます。つまりエクソシズムは、悪霊に取り憑かれた人、ないし悪霊の誘いを受けている人が、神の絶対的な支配を認め、信仰を荘厳(そうごん)に宣言するものであり、本来的には悪魔に誘惑される人の心と身体、その人の全体を神に向け直すことを教会が助けることによって救いをもたらすものであると言えるのです。

悪魔を意味するディアボロスという言葉の語源は、ギリシア語のディア・ボルム、すなわち結びつきを解いて分裂させるという意味の言葉ですが、悪魔祓いの儀式の中心は、まさにシュン・ボルム、つまり分断されたもの、神と自分、そして隣人とを結び合わせるということです。それはすなわち、この語のラテン語の訳語としてよく知られている「信仰宣言」(symbolum) をすることでもあります。

悪魔に取り憑かれた者と洗礼を受けていない者は同じか?

エクソシズムの確立時期を詳細に確定することは困難ですが、ローマの教会では三世紀の初めには、洗礼およびさまざまな祝福の儀式の一要素として種々の機会での悪魔祓いの式が一般的に行われるようになっていたようです。

古代ローマの教父(きょうふ)ヒッポリュトスが記した『使徒伝承』などから、三世紀初期には洗礼において悪魔祓いの役割を担った祓魔師が役務者として教会内に存在していたことが分かります。

洗礼を受けてキリストの教会に受け入れられる前、人は悪魔の支配下にある(エフェ二・一―二、コロ二・一三)と考えられていたので、洗礼志願者に対していくつかの「悪魔祓いの祈り」が古くから唱えられていたようです。典礼に用いる場所や物（聖水、塩、聖香油）の祝別の際も、悪魔祓いの意味合いを含む祈りが行われました。

中世にも「悪魔に取り憑かれた者と洗礼を受けていない者の間に大きな区別はない」とする考えがあったようです。つまり洗礼を受けていない状態とは、まだ悪の支配、原罪の状態にとどまったままでいることであり、洗礼を受けた人は恵みによってすでに罪から清められ、もはや悪魔の支配下にはないことになります。大神学者トマス・アクィナスの考えによれば、悪魔祓いは洗礼をふさわしく受けるための妨げを取り去るために行われるものであると説明されます。

いずれにせよ、古代教会の洗礼式の際に行われていたエクソシズムは、現代よりもずっと現実的な意味で悪魔の脅威を受洗者が退けるよう導くための式でした。しかし、実際は悪霊の憑依は洗礼を受けた者にも起きていたのです。

エクソシズムの確立時期

独立したエクソシストが特権的な存在となったのは三世紀後半だったという説があります。

歴史的には、四一六年に教皇インノケンティウス一世が、エクソシズムを司祭個人が勝手に行うのではなく、司教、あるいは司教から委任を受けた司祭に限るものとする制度を定めています。裏返して言えば、それまでは司祭たち、あるいは司祭でない信者がそれぞれ個別に悪魔を祓っていて秩序が乱れていたということなのでしょう。

いずれにせよ、五世紀までに教会は各教区にエクソシストを擁していたことが窺えます。

現存する秘跡書（秘跡の儀式書）では、八世紀のフランスの『ゲラシウス秘跡書』、『ゲローヌ秘跡書』として知られるものがエクソシズムの祈りを伝える最古のものとされています。前章で紹介した一六一四年の『ローマ典礼儀式書』（*Rituale Romanum*）のエクソシズムの祈りのうち、初めのふたつは、この『ゲローヌ秘跡書』の中にすでに記されています。

その後、中世のカトリック教会におけるエクソシズムの儀式は、さまざまな民間信仰や迷信と混ざり合い煩雑なものになっていったようです。悪魔の憑依は、古くから癲癇（てんかん）や精神疾患および肉体的障害とも混同されており、当時の悪魔祓いの儀式では、当事者はエクソシズムの間中、エクソシストと共にいなければならず、厳しい断食を順守し、口にできるのは聖水、塩、そして野菜のみで、新しい服を着用し、性行為を自制しなければならないとされていました。エクソシストに対する禁止行為も同様に複雑なものであったようです。

このように中世に煩雑化したエクソシズムでしたが、他の諸秘跡と共にトリエント公会議（一五四五～一五六三年）の典礼改革によって整理され、教皇パウロ五世により一六一四年に発行された『ローマ典礼儀式書』の第一二部『悪魔によって苛まれる者のための祓魔式』（*De Exorcizandis obsessis a daemonio*）として制定、公布されました。これが前章でご紹介したエクソシズムの旧儀式書です。

このとき、儀式書の主なテキストは、さまざまな聖人たちが用いたエクソシズムの祈りの司祭向けのコレクション *Thesaurus sacerdotalis* から、フランシスコ・サマリヌスという人物によって編集されたと言われています。

この『ローマ典礼儀式書』の第一二部には新たに総則が付され、儀式執行に関する詳細な規定が明確に定められました。その上で主要な形式、祈願、詩編、福音朗読、十字架の顕示などの要素が整備配置され儀式全体が整えられました。

儀式書の主要部分であるエクソシズムの祈りは、八七二年版の『大グレゴリオ秘跡書』の中にある「エクソシズム」の祈りとほぼ完全に一致しており、さらには、前にも述べたように一世紀近く古い七九〇~八〇〇年頃のフランスの『ゲラシウス秘跡書』や『ゲローヌ秘跡書』からの伝統を受け継いだものとなっています。

こうしてエクソシズムの儀式は呪い的な要素が多分にあった民間の信仰実践から離れ、本来の教会の祈りとしての立場を取り戻したのです。

儀式書は一七五二年の教皇ベネディクト一四世、一九二五年の教皇ピオ一一世の命令による改訂を経てもなお、若干の修正がなされただけで、内容的には三〇〇年近くほぼ同じでした。

その後、一九世紀の終わりに教皇レオ一三世は『ローマ典礼儀式書』に収められていた盛儀のエクソシズムとも洗礼式の際の小エクソシズムとも異なる、独自のエクソシズムの儀式書を作成し公布しました。これは、それまでのエクソシズムが人への憑依に対処するものであったのに対して、物や場所に悪霊の影響が生じた場合に用いるために作成されたものでした。

この教皇レオ一三世の儀式書は、一九五二年の旧ローマ典礼儀式書第八版の第一二部の第三章『悪魔に苛まれる者のためのエクソシズム』として付加されました。

このように、幾度かの改訂はあったにせよ、エクソシズムの儀式書は一六一四年以降、一九九九年の改訂まで実質四〇〇年近く大きな変更は加えられなかったと言えます。

ただ、エクソシズムの命令の式文は、伝統的な種々の祈りと共に用いられていたもので、三世紀のテルトゥリアヌスの『護教論』や、一二世紀のジャン・ベレの著書 *Summa de ecclesiasticis officiis* でも同

図4　盛儀のエクソシズム（exorcimus maior）の歴史的変遷

◇「新約聖書」　悪魔を追い出すイエスの働きその権威の弟子たちへの委譲

※「主イエスは一二人の弟子（使徒）を選び出し、彼らがご自身と共にいるように、また彼らを福音宣教に遣わし、悪霊を追い出す権能を与えた」（マコ三・一三－一五）

◇二世紀　個別の悪魔祓い

※例：ユスティノス、テルトゥリアヌスなどの証言

◇三世紀以後　洗礼式での悪魔祓い

※例：ヒッポリュトス『使徒伝承』、エルサレムのキュリロス『秘儀教話』など

◇四一六年　教皇インノケンティウス一世が盛儀の祓魔式の執行を司教の認可を得た司祭に限定

●八世紀　『ゲローヌ秘跡書』最古のエクソシズムの定式文

●九世紀　『大グレゴリオ秘跡書』ローマ典礼儀式書の祈りの原型となるエクソシズムの定式文

※十字架、聖水、塩の使用について記載

◇一二一五年　第四ラテラノ公会議で現在まで続く悪魔像を教義的見解として提示

●一六一四年　『ローマ典礼儀式書』（第一版）第一二部『悪魔によって苛まれる者のための祓魔式』発行

※聖人たちの祈りのコレクション（*Thesaurus sacerdotalis*）から新たな定式文を選定

●一八八四年　レオ一三世「サタンと堕天使へのエクソシズム」公布

※特定の物、場所に対する悪魔祓いの儀式書

●一九五二年　『ローマ典礼儀式書』(第八版)第三部の祓魔式の儀式書の増補改訂

※教皇レオ一三世の儀式書を付録に追加

◇第二バチカン公会議に基づく儀式書の全面改訂作業(第一二三委員会)

※一九七五年　教皇庁教理省『悪魔に関するキリスト教信仰について』、一九八五年『盛儀の祓魔式に関するガイドライン』

●一九九九年　新しい儀式書『エクソシズムと関連する種々の祈り』がローマ教皇庁より発行

※悪魔に対する直接的な命令の式文が減らされるなど、定式文は簡素化

※二〇〇〇年　教理省『癒やしの為の祈りの集いに関する教書』

●二〇〇四年　儀式書の修正

◇二〇〇五年　ローマ教皇庁立大学にエクソシスト養成講座が開設

じ内容の文章が記されており、エクソシズムの祈りの中心部分は、実に一二〇〇年近く根本的な変化を受けなかったことになります。

エクソシストの歴史

先ほどのトリエント公会議において、古代より受け継がれてきた聖職者の位階についても、上位のものとして司祭、助祭、副助祭、下位のものとして侍祭（じさい）、読師（どくし）、祓魔師、守門（しゅもん）の、合わせて七つの位階が承認されました。

しかし、第二バチカン公会議の後、下位の聖職位階は廃止され、助祭・司祭・司教のみが聖職者と呼ばれるよう改められました。

こうして、かつての祓魔師は必要性がない限り特に任命されない一般的な職務となりました。

注意しておきたいのは、ここで言う祓魔師とは盛儀の悪魔祓いをするいわゆるエクソシストとは違い、主に洗礼式で「小エクソシズム」を執行、補佐する役目を担うものであり、性格こそ似てはいるものの盛儀のエクソシズムの儀式を執行するエクソシストとは区別する必要があるということです。

ただもともとは、こうした洗礼時の祓魔式と、悪魔に憑かれた人のための祈りとの区別は必ずしも明瞭ではなかったようです。やがて時代が経つにつれて洗礼の小エクソシズムと盛儀のエクソシズムとは、はっきりと分けて行われるようになっていきました。

なおエクソシズムは、ラテン（西方）教会のみならず東方カトリック教会、正教会などにおいても現在まで継承されています。

異端審問と魔女狩り

このように、エクソシズムは古代から現代まで連綿と受け継がれてきた教会の儀式ではありますが、実はエクソシズムという制度が正常に機能しなかった時代がありました。

それがルネッサンス期とも呼ばれる中世末期の時代、特に一四～一七世紀です。この期間はヨーロッパで「魔女狩り」や異端審問が行われ、悪魔憑きとされた人たちも含めて多くの人々が非人道的な扱いを受けた時代でもあります。

悪魔憑きが疑われる人には、悪魔祓いの儀式が執行されるべきです。しかしこの時期には、悪魔に憑かれたと見なされた人たちの中に、魔女とされ、火あぶりの刑に処せられていった人々がいたようです。普通の人とは異なる挙動や言動を繰り返すという理由で、生きたまま火で焼かれ、殺されたのです。また教会の教え、社会の常識とは異なることを当然のように主張する者も異端者として裁かれていきました。その中に、天動説を否定した人々もいました。もちろん天動説は教会の教えではありませんでしたし、ガリレオの裁判は天動説の否定という単純な内容ではありませんが、教会の権威者が真理と向き合う人々に対しても非常に不適切な振る舞いをしたことは事実でしょう。

この頃、教会の典礼、祭儀はある意味で形骸化していました。そもそも教会の祭儀は何百年にもわたってすべてラテン語で行われており、聖職者以外の一般の信者のほとんどは何が行われているのか、何が祈られているのか理解不能でした。そうした時代においては悪魔祓いの儀式も迷信的な呪術のように見なされていたのではないでしょうか。むしろ悪魔祓いと称して拷問や処刑を行ったという可能性も高いでしょう。

本来、神の力により悪魔の働きを撲滅させるのが教会の役割であったにもかかわらず、教会の権威と称して暴力的な方法で教会の原則から外れた生き方、考え方をしていた人々を断罪し、処刑していったのが中世でした。

魔女裁判と異端審問は、本来は別ものですが、魔女裁判は異端審問官によって行われました。ですからこれらふたつはある意味で渾然一体として扱われていたと言えるでしょう。

政治（王権）と宗教権力とが強かった中世、特に一三世紀頃には、教会に対する反対運動、改革運動とも言える動きが盛んにあり、教会は武力をもってそれを異端として鎮圧していました。教皇インノケンティウス三世のアルビ十字軍による異端弾圧に続いて、一三世紀初頭には教皇グレゴリウス九世が異端審問所を設置したことでいわゆる暗黒時代が始まったとされています。

一方、魔女裁判は、記録に残っている最初のものとしては一二七五年フランスのトゥールーズで行われ、被疑者であった老女は死刑にされました。

魔女狩りを公に解禁したのは教皇ヨハネス二二世の一三一八年の教書だとされていますが、その後、一四八四年一二月に教皇インノケンティウス八世が『魔女教書』と呼ばれる文書を出し、各地の司教や領主にその根絶を勧め、異端審問官の措置に協力するよう求めました。

魔女狩りを決定的なものとしたのは、異端審問官としてその名を馳せたドイツのドミニコ会修道士ハインリッヒ・クラーマーによる著書『魔女に対する鉄槌』（*Malleus maleficarum*、一四八七年）です。これは一七一四年にプロイセンのフリードリッヒ・ヴィルヘルム一世が魔女裁判を禁止するまで、およそ二〇〇年間にわたって魔女狩りの教典となり猛威を振るいました。

この本によれば、魔女が死刑にされるようになったのは、悪魔と結託したとされたためでした。天候の不順、家畜の病気、害虫や疫病の発生といった現象は魔女のせいだとされ、無実の女性たち、男性たちが次々と残酷な方法で処刑されていきました。魔女狩りは中世の恐るべき狂信、異教徒への不寛容、老女や寡婦(かふ)、社会の隅に追いやられていた弱者への残酷な偏見、病人への差別と無理解の結果だったとも言えます。

プロテスタントでも、カトリック以上に熱心にかつ盛大に魔女裁判が行われていました。宗教改革で有名なマルティン・ルターは、魔女について次のように述べています。

「魔女というのは、悪魔と寝るような悪い女で、人の牛乳を盗み、雷雨を起こし、山羊と箒(ほうき)にまたがり、マントを着て空を飛ぶ。大人が相手なら弓矢で射たり、体を麻痺(まひ)させたり、老衰させて殺したりする。乳飲み子をも激しくいたぶり、夫婦には淫乱(いんらん)を勧め、その他にも何でもやるのである」

一七世紀終盤になると、魔女狩りは徐々に収束していきました。それは啓蒙(けいもう)思想の隆盛や活版印刷の普及で教育が進み識字率が上がったこと、商工業の発展、宗教改革を経て中世の教会の権威が世俗権力に移っていったこと、世俗の学問の発展、さらにさまざまな教会の刷新運動などが原因だと考えられます。とはいえ、魔女狩りそのものは北欧、そしてアメリカにも飛び火していきました。

魔女狩りの犠牲者数は正確には分かっていませんが、数十万人から数百万人程度ともいわれています。犠牲者の年齢は一〇歳から九四歳までと幅広く、男性も二〇~二五パーセント含まれていました。

正式なエクソシズムを行うための要素

エクソシズムの儀式には、教会の歩みにおける神学的人間論、神論、キリスト論、悪魔論、天使論、聖母、聖人崇敬などが色濃く表現されています。

そこで、ここからは、カトリック教会のカテキズム（教理）において盛儀のエクソシズムがどのように規定されているかについて見ていきましょう。

カテキズムでは、盛儀のエクソシズムの正確な概念は次のように示されています。

「教会がイエス・キリストの御名により、公的権威をもって、人または物を悪魔の影響から守り、その支配から助け出すことを要請する式をエクソシズム（祓魔式）という」（カトリック教会のカテキズム一六七三項）

適法かつ、正当なエクソシズムを行うためには次の四つの要素を理解しておく必要があります。

一、そもそもエクソシズムは「教会の祈り」である。エクソシズムを行う主体は教会そのものであるということ。したがってエクソシスト（祓魔師）は教会の名において、教会を代表して行為することによって自らの声と仲介の業を教会に提供することになる。つまりエクソシズムの主役はエクソシストではなく、教会の頭（かしら）であり、その花婿であるキリストである。

二、エクソシズムは「公的な祈り」である。つまり教会の名において承認された儀式書を用いて適法な聖職者によって行われる。この要素は本質的かつ必要不可欠である。

三、エクソシズムは「キリストの名における権威」によって行われる。すなわち、エクソシストは自らの実力ではなくキリストを代理しキリストを具現させる。しばしばエクソシストがエクソシズムに長けている長けていないという言い方を聞くことがあるが、そうした表現を用いた区別というものは、神学的視点からすると本質的に重要ではない。それはむしろその人物の信仰の深さや聖性の範疇に属する問題である。悪魔に虐げられている人、または悪魔に憑かれている人に対して行われるエクソシズムの祈りは、それがいかに経験の浅いエクソシストによって行われたとしても、教会の信仰と祈りに結ばれて誠心誠意行われれば、霊魂の救いという神の計画に従って、不可避的にかつ疑いなく神によって受け入れられるものなのである。

四、エクソシズムとは、人や物を悪魔から守り、その影響から解放することを唯一の目的として行われるものであって迷信でも魔術の類でもない。

これらの要素に加え、以下の補完的ないくつかの説明も考慮に入れる必要があります。

補完一、イエスはエクソシズムを行った。教会がエクソシズムの力と任務を与えられたのは他ならぬイエスからである。

補完二、小エクソシズム（exorcismus minor）と呼ばれる式は洗礼の挙行の際に行われる。この小エクソシズムの奉仕者は、今日においては司祭、そして儀式それ自体を行う許可を得た他のすべての奉仕者となっている（教皇パウロ六世の制度改正前の下級聖職階位であった祓魔師がこれ）。一方、「盛儀のエクソシズム」（exorcismus maior）と呼ばれる荘厳な悪魔祓いは、司祭が地区裁治権者（教区司教ないし総代理、司教代理）の許可を得て初めて行うことができる。

補完三、盛儀のエクソシズムは、教会が定めた規則を厳格に守り慎重に執行されなければならない。このエクソシズムは、悪魔を追い出すこと、あるいは悪魔の影響から解放することを目的とし、イエスが教会に委ねた霊的権威によって行われる。しかし状態が病気、特に精神的な病気に由来する場合は、対象がまったく異なるため、その対処は専ら医学の領域において行われる。したがってエクソシズムを執行する前に、対象者の状況が病気ではなく邪悪なものの影響であることを確認することが重要となる。それゆえ、単に病気と見なされる状況ではエクソシズムを執行することは適法ではない。

新旧の儀式書の比較

さて、ではいよいよここからは新旧のエクソシズムの儀式書の内容を比較しながら儀式の具体的な内容について見ていきましょう。

一九九九年に発行された新しい儀式書は、これまでの悪魔、悪霊、そしてエクソシズムについての教会の教義、公式見解の総括であり、現代の神学的解釈がまとめられた最良の公的資料です。

旧版の儀式書と比較して一九九九年の儀式書の全体的な特徴と言えるのは、何と言ってもエクソシズムという典礼行為が、聖霊の働きに寄り頼む全教会の祈り（エピクレーシス）に支えられているという教会論的視点と、この祭儀においてキリストご自身が臨在するという理解です。

新旧のエクソシズムの儀式書の構成を簡単にまとめると、まず緒言、ないし総則があり、続いて通常のエクソシズムの儀式の内容が記されています。次に付録として人間以外に用いる、より簡潔なエクソシズムの儀式が記されています。

さらに新版の儀式においては、信徒が悪霊の働きから身を守るために用いることのできる伝統的な種々の教会の祈りも付録に掲載されています。

また、旧版のエクソシズムの儀式書では、儀式の内容自体についての説明はありませんでしたが、新版の儀式書では儀式についての聖書的、神学的、教会法的な説明が緒言Ⅳに付されています。

前文

新版の儀式書には、緒言の前に前文があり、悪魔、悪霊についての定義を聖書や公文書の解釈に沿って示しています。

「悪魔と悪霊は、本来、善いものとして創られた目に見えない天使、霊的存在でした。にもかかわらず徹底的に神に反抗することを選択しました。悪魔は神の姿に似せて創られた人祖に対して自由という神からの贈り物を乱用させ、罪に誘惑しました。それゆえ、人類の歴史全体は闇の力との苦闘で満ちています。悪霊は、ヨハネが『この世の頭』と呼んだ悪魔の下に従っている存在です。キリストは過ぎ越しの神秘を通して悪魔の王国を打ち倒し、人間を『悪魔と罪に隷属した状態から解放し』ましたが、闇の力に対する戦いは人類の歴史全体に及ぶものです。悪魔と悪霊の働きは、今でも、人や物、特定の場所に影響を及ぼしています。そのため教会は今もなお、人々が悪魔の働きから解放されるよう祈り続けるのです」

緒言

では、順を追ってその内容を見ていきましょう。

緒言には、「I　悪魔に対するキリストの勝利とその業を受け継ぐ教会」「II　教会に委ねられた聖化の任務としてのエクソシズム」「III　エクソシズムの儀式の挙行条件」などといった章立てで、それぞれの内容について詳しく記されています。

【緒言I】悪魔に対するキリストの勝利とその業を受け継ぐ教会（一―七項）

まず天地万物の創造主である神への信仰が語られています。

神の創造したものはすべて善かったこと、また悪魔、悪霊も本来善い被造物であったのに自由意志の乱用により神に背いたことが繰り返し述べられています（一項）。

人は神の似姿に創造されました。その尊厳は自由意志に基づいて行動することですが、悪魔の誘惑により人はそれを悪用し、悪魔と死の力に屈し罪の奴隷となりました（二項）。

神は、人類をその闇の力から解放し、ご自身において生きるよう御独り子を世に遣わされ、悪魔の力を滅ぼし聖霊によって人間本性を回復させました（三項）。

主イエスは地上にあったとき、悪魔の誘惑に打ち勝ち、悪霊を追い払い、それらに抑圧されていた人々を解放する救いの業を行いました（四項）。

キリストは十字架の死に至るまでの御父への従順によって悪魔に打ち勝ちました。神はキリストを復活させ、すべてのものを彼の足下に従わせました（五項）。

キリストは使徒たちに聖霊を送って、悪魔を追い出す権能を与えられました（六項）。

図5　盛儀のエクソシズムの儀式書の構造、新旧版の比較

旧版(1614-1952年)	新版(1999/2004年)
第一章　総則	**緒言**
第二章　エクソシズム本文 灌水、主の祈り 諸聖人の連願 詩編による祈り(詩編54) 悪魔への命令	**第一章　エクソシズム本文** 儀式前の祈り 水の祝福と灌水 諸聖人の連願 詩編による祈り(詩編91)
福音朗読;ヨハネ1章 祈願 按手の祈り	福音朗読;ヨハネ第1章 按手の祈り 信仰宣言(使徒信条など) 洗礼の約束の更新 主の祈り
十字架の顕示 エクソシズムの祈り(嘆願・命令)	十字架の顕示 息の吹きかけ エクソシズムの祈り(嘆願・命令)
感謝の祈り(福音書の讃歌) 主の祈り、アヴェ・マリア、信仰宣言など 詩編による祈りと解放後の祈り	感謝の祈り(福音書の讃歌) 結びの祈り 派遣の祝福
第三章　サタンと堕天使へのエクソシズム 大天使聖ミカエルへの祈りと祈願 詩編による祈り(詩編67) エクソシズム(命令) 祈願 聖水の灌水	**第二章　儀式において使用可能な任意の式文** **付録I　特殊な状況で用いるエクソシズム** 聖書朗読、諸聖人の連願 詩編による祈り(詩編67) エクソシズムの祈り 聖母マリア、大天使ミカエルへの祈り 聖水の灌水
(付録なし)	**付録II　信徒が用いる種々の祈り**

教会は、悪霊を打ち払い、悪霊の影響を退ける力を主キリストから受け取っており、使徒の時代から今日までこの力を行使してきました。こうして教会は、「イエスの名において」絶えず信心深く悪から救われるように祈るのです（七項）。

【緒言II】教会に委ねられた聖化の任務としてのエクソシズム（八－一二項）

緒言IIの冒頭では、教会の創設当初より、いくつかの形式のエクソシズムが教会によって行われてきたことが語られています。

古来、洗礼志願者は洗礼式に備えて、罪と邪悪な者の影響から解放されるようにと教会が祈る小エクソシズムを受けてきました。このエクソシズムの執行については特別な許可を受けていない司祭でも可能です。同様に、成人の洗礼式の儀式書自体には、サタンとそのすべての仕業に対する拒否が含まれており、幼児洗礼式の儀式書には、子どもを原罪から解放し、子どもの中に聖霊を送ってもらうことで彼らが栄光ある神の神殿となるよう神に願うエクソシズムの祈りが含まれています。これらの儀式書では、洗礼の水を通してすべての者が、罪と悪魔とその闇の力に対するキリストの勝利を分かち合うことに言及しています（八項）。

しかしながら、キリストへの信仰によって新たな命を生きるようになった信仰者であっても、常に悪の誘惑に悩むものであり、秘跡、特にゆるしの秘跡に与る（あずか）ことによって悪魔を拒絶し、祈りと節度ある生活の中で警戒を続けなければなりません（九項）。

ここで教会は、悪魔が人に危害を加えること、悪霊が人に憑依し自由意志を奪う状況が生じ得ることを明言しています。特にそのような悪魔の力は、罪の力を通して人間に働くとされています。そのような状態から解放されるように教会はキリストに寄り頼み支援します（一〇項）。

教会はこのような状況に際して、儀式書に記されている「盛儀のエクソシズム」と呼ばれる典礼行為によって的確に対処します。これは教会が聖霊と一体となって悪霊を追放してくださるよう神の助けを願う祈りです（一一項）。

この盛儀のエクソシズムにおいて、教会は自分自身の名において行動するのでなく、悪魔や悪霊たちであってもすべてにおいて従わねばならない、主キリストの名において行動すると明示されています。緒言Ⅱの最後で、すべてのものは、それがたとえ悪魔や悪霊たちであっても、神であるキリストに服従せねばならず、またそれらは神の下位にある存在としています（一二項）。

【緒言Ⅲ】エクソシズムの儀式の挙行条件（一三―一九項）

エクソシズムに関する管轄権者を地区裁治権者としていた一九八三年の教会法典の一一七二条および旧版の儀式書の総則第一項と比較すると、一九九九年のエクソシズムの儀式書の総則一三項は、地区裁治権者が管轄するものの、通常は当該地区の教区司教によって指導されるべきことが明確に規定されています。これは特別法が一般法に優るという法原則から言って注意すべき点で、教区司教の責任が強調されていると見ることができるでしょう。また司教が特定の司祭をエクソシストとして任命する場合、敬虔かつ勤勉で分別があり聖なる生活をする人物を選ぶよう指示されています（一三項）。

エクソシストは、悪魔に取り憑かれている人に最初に接する際、肉体的または精神的な病気に苦しむ人に接するときと同様に、最大の慎重さと配慮をもって臨まなければなりません。精神医学の専門家、心理学の専門家による多くの診察を含む綿密な調査の後に、エクソシストは対象者が本当に悪霊に取り憑かれているか否かを判断しなければなりません（一四項）。

さらに対象者の苦しみの原因が悪魔の働きによるものなのかどうか、何か別の悪質な働きによるものなのかを判断しなければなりません。後者の場合は、普通、司祭や助祭たちによって的確な霊的、司牧的援助を行います。司牧的援助とは、パストラルケアとも呼ばれ、文字どおりパスター（pastor つまり羊飼い）が羊を牧するように信徒を世話することです。しかし、本当に悪魔の影響を受けている場合は、信仰による霊的援助を嫌悪するとも述べられています。（一五項）。

ここで旧版の儀式書の総則の第三項が再び繰り返されます。つまり悪魔憑きの兆候として、「未知の言語で話す、離れた場所のことや秘密の事柄を知る、尋常でない肉体の強さを明示する」などがみられるとされています。さらに神の名やイエスの聖なる御名、聖なる処女マリア、聖人、教会、神のみことば、教会の典礼やミサ、そして神聖なしるしなどに対する嫌悪などの霊的兆候、信仰生活の態度などのすべての要素を考慮に入れなければならないとされています。

さらにエクソシズムの儀式は、悪霊に憑依された人の同意を得ていなければ執行できないことが明言されています（一六項）。

エクソシズム（祓魔式）の儀式の際には、ゆるしの秘跡、聖体拝領が必ず行われるように、可能な限り心理的な問題に関する専門家や、医学や精神医学の学識のある専門家への相談も必要であることが述べられています（一七項）。

ここで、非カトリック教徒に対する儀式の執行について司教の判断を仰ぎ、調査の結果、必要性が確認されれば可能であることが明記されています（一八項）。

エクソシズムが魔術や迷信の類であるという認識を避けるために、でき得る限りの努力を行わなければなりません。特にエクソシズムは、いかなるメディアにおいても公表されることがあってはならず、情報は適切な配慮をもって取り扱わなければならないとされています（一九項）。

【緒言Ⅳ】エクソシズムの儀式の内容（二〇―三〇項）

新版の儀式書ではエクソシズムの内容（式次第）の説明が緒言Ⅳに付されています。

それに沿ってエクソシズムの儀式の流れと構成をまとめると、まず新しいエクソシズムの儀式は、開祭の祈りに始まり、聖水の灌水、諸聖人の連願を捧げ、福音朗読を行う。つづいて按手、洗礼の約束の更新・信仰宣言、そして主の祈りをもって前半を締め括る、となっています。

儀式の後半は、十字架の顕示を行った後、任意で息の吹きかけを行い、エクソシズムの祈り（嘆願の形式と命令の形式）をします。これは、嘆願と命令のふたつの式文からなるもので、旧版では三組、新版も第二章に掲載されている選択可能な祈りを含めると同じく三組のエクソシズムの祈りが用意されています。

対象者が悪霊から解放された場合は、福音書にある讃歌などで感謝の祈りを捧げ、祝福をもって祭儀を終えます。

司教ないしその代理から任命を受けたエクソシストは、儀式に先立ち「緒言Ⅴ　儀式の挙行についての付加条項」を事前に確かめ順守する必要があります。

エクソシズムの執行許可は、敬虔さ、知識、慎重さにおいて優れており、人生を純潔に送り、さらにこの務めに関して特別に準備を重ねた聖職者にのみ与えられなければならないとされています。

【緒言Ⅴ】（三一―三六項）・【緒言Ⅵ】（三七―三八項）

エクソシストの職務は、恒常的にあるいはケースごとに正式な任命によって当該職務を委ねられた聖職者が、愛の務めとして勇敢かつ慎重に、そして教区を司る司教の指導の下で遂行するものとされています。

ここで、まずエクソシストは、祈りと断食が義務付けられています（三一項）。また、祈りと聖体祭儀（ミサ）、ゆるしの秘跡などで自らを神の僕としてふさわしく準備します。そして悪魔に苛まれている対象者に、エクソシズムの前に可能であれば、神に祈り、禁欲的な生活を行うように、また洗礼を受けたときの信仰を表明し、頻繁にゆるしの秘跡や聖体拝領によって自らを守るようにさせます。そして、その対象者に関係する人々に共に祈り支えるよう導きます（三二項）。

エクソシズムは、可能な限り、聖堂あるいは他の適当な場所において、大勢の人から離れて行われることが望ましいとされています（三三項）。

十字架、聖画像、さらに聖母マリアの画像がその場に置かれるよう配慮します。旧版の儀式書では聖遺物の使用にも触れられていますが新版では削除されました。

エクソシストは、まず始めに、悪魔から害を受けている者の肉体的状態、さらに精神的状態に注意し、一日、あるいは一時間の間にも何かしら変化が生じるかどうか注意します。

エクソシストは、悪魔から害を受けている者が、エクソシズムの間、必要であれば身体を固定し、神に対する信仰をもって立ち会う人々に対して共に悪魔から解放されるよう神に願い求めるように導く必要があります。

そして、悪魔の害を受けている者が、より激しく苦しむときは、細心の注意を払い、神に信頼して、教会の務めをひたすら忍耐して遂行することも必要です（三四項）。

さらにエクソシズムの儀式書において、エクソシストしか唱えてはならない箇所を儀式に参加する信徒が唱えないようあらかじめ指導しておかなければなりません（三五項）。

エクソシストは、エクソシズムが成功した後も式を受けた者に根気よく祈り続けるよう勧め、聖書から導き出される教えに従い、ゆるしの秘跡や聖体祭儀に繰り返し参加し、愛徳の業に根ざした生活を送り、兄弟愛をもって人々のためにも祈るよう教えます（三六項）。

なお、旧儀式書の総則においては、エクソシスト本人が何らかの投薬を勧めたりせず医師と相談すること、また正統なカトリックの信仰とは異なる魔術、魔除けなどを当事者が行っているか、あるいは迷信的なお守りを所持している場合はそれを取り去ること、焼き捨てることを命じています。さらに儀式の本筋から離れた無駄話をしないようにとも指示されています。

特に旧儀式書が注意を促すのは、悪魔の欺き（あざむき）にエクソシストが騙（だま）されないように注意することです（三七項）。

前章でもご紹介した、エクソシストの実際の経験に基づいて作成される エクソシズムの儀式執行のための司牧的手引書（*directorium quoddam pastorale de usu exorcismis maioris*）も規範に含められるということは、「緒言Ⅵ：司教協議会に求められる調整について」の三八項に記されています。

第一章　盛儀のエクソシズム（祓魔式）

緒言に続く第一章からは、エクソシズムの儀式の具体的な内容が記されています。では、さっそく儀式書に沿って、エクソシズムの儀式の流れを見ていきましょう。

エクソシズムの執行に関する儀式書の規定（緒言）では、エクソシストが儀式書の指示に従うことが大前提となっていますが、状況に応じて式の進行、および個々の祈りや所作などの選択は司式者に委ねられています。

つまり、エクソシズムの儀式は状況に応じて典礼規則や教会法を遵守（じゅんしゅ）した上で、よりふさわしい選択をしてもよい準秘跡であることから一定の配慮が可能なのです。準秘跡自体は、エクソシズムの儀式書の緒言に記されているとおり、執行者と教会そのものの信仰、霊性、祈りに大きく左右されるところが大きいからです。

【一】開祭（三九－四〇項）

新版の儀式書では儀式の直前にエクソシストが沈黙の内に唱える悪魔に対抗する準備の祈りが設けられています。この祈りは、儀式書の三九項もしくは付録二の中からも選ぶことができます。

エクソシストは、儀式に際して適切な祭服、スータン（カソック）にスルプリ、もしくはアルバをつけ紫のストラを用います。

儀式は、司式者の入堂、祭壇への表敬と十字架のしるし、通常のミサの開祭と同様の挨拶によって開始されます。その後、司式者は、これから行われようとしている儀式について適当な説明をします。この開祭の一連の挨拶と説明は公会議後の典礼刷新に沿って改訂された新版に特有で、旧版にはこうした細かな指示はありません。

【二】水の祝福と灌水（四一－四四項）

エクソシズムの初めには水の祝福を行います。もちろん、すでに祝福してある聖水があればそれを用いることもできます。

水の祝福の後、その場にいる人全員に灌水を行います。

【三】諸聖人の連願（四六－四八項）

続いてエクソシストは適当な招きの言葉をかけ、ひざまずいて諸聖人の連願を唱えます。

旧版の連願は第二バチカン公会議前のもので、新版のそれとは言葉が異なっている箇所が多く、たとえば、旧版では「すべての悪より、御怒り（おいか）より、不測の急死より、悪魔の罠より、怒り、憎しみ、その他すべての悪意より、邪淫の心より、落雷および暴風より、地震の災難より、疫病、飢饉、および戦争より、永久の死より……主、我らを救いたまえ」となっていますが、新版の連願では「私たちの悪霊との戦いのために、私たちを汚れた霊から、苦しみから解放してください。あなたに従う者を悪霊の誘惑に任せないでください、父なる神の右の手で、私たちの苦しみを鎮（しず）め、とりなしてください、束縛から解放し、あなたの正しい裁きと、悪の滅びが実現されますように……主よ、あわれみたまえ」となっています。

【四】詩編による祈り（四九－五〇項）

その後、エクソシストは詩編を少なくともひとつ朗唱するよう指示されていますが、これは交唱（こうしょう）されてもかまいません。

この詩編には、旧版では第五四編が、新版では第九一編が勧められています。

【四b】悪魔への命令（新版にはない）

旧版の儀式書には詩編の後に悪魔への命令があります。

この式文は、悪魔に対して、その素性、名前を尋ね、離脱の日時を何らかのしるしによって示すように命令し、さらに誰にも危害を加えぬよう命じるものです。これは福音書でイエスが行ったのと同じようにエクソシストにも悪魔と対峙することが求められていると考えられていたためでしょう。悪魔の素性を知るというのは、アウグスティヌスが『神の国』で記述していることからも、その起源は教父の時代に遡（さかのぼ）るものであることが分かります。

この悪魔への命令は新版では完全に削除されています。

【五】福音朗読（五一－五二項）

エクソシズムにおいて朗読される福音書は、『ヨハネ福音書』の冒頭です。この箇所は旧版、新版共に同じです。ロゴス（神の言葉）であるイエスの本質を証しする福音の箇所が朗読されることによって闇の力である悪に打ち勝ったキリストの臨在が示されるわけです。

ロゴス賛歌とも呼ばれるこのヨハネ福音書の冒頭の詩句は、古来、神聖さを備えた詩とされ、強い霊的な力があるものとして信じられていました。そのため、病気を癒やすとき、新受洗者の祝福のとき、そして魔術的な性格のものから身を守るときにも用いられました。

【六】按手の祈り（五三項）

新版の儀式書は福音朗読後すぐに按手の祈りとなりますが、旧版の儀式書においては福音朗読後の祈願が先に置かれています。

按手の所作は儀式を受ける者を聖霊によって強めるためのものとされています。

ヒッポリュトスの『使徒伝承』二〇項にある「洗礼式におけるエクソシズム」において、洗礼式の初めに「洗礼志願者一同はひざまずくように命じられ、司教はこの人々に手を置いて悪霊がその者から離れ去って再び戻ることのないように命じる」とあり、現在も、洗礼、堅信、叙階の儀式の中で、この行為は非常に重要な意味を持っています。

ちなみに、聖トマスは『神学大全』（III, q. 71, a. 2）で、洗礼の前に行われる悪魔祓いの儀式の中で、按手がなされることはいわば祝福であり「追い払われた悪霊がまた戻ってこられないように道を塞ぐという意味」があると説明しています。

【七】信仰宣言・洗礼の約束の更新（五四－五六項）

前述のように、エクソシズムの語源は、真に神を神と認め「厳格に誓うこと」であり、それに応じて神の恩恵によって真に神の似姿として創られたものの自由へと解放されるものです。それゆえ、本来のエクソシズムの重要点はこの信仰宣言にあると言えます。

洗礼の約束の更新は、復活徹夜祭などの洗礼式の際に行われるもので、信仰宣言の代わりに用いられるようにと、新版で新たに付加されたものです。信者が自らの洗礼の恵みを想起し、自らのものとする決意が重要とされていることは言うまでもありません。

洗礼の恵みの想起によって、つまり自分が洗礼のときに受けた照らしと清めによって主イエスの過ぎ越しの神秘に組み入れられていることを自らの信仰の基礎として思い起こすことが、神への信頼、また悪霊と対峙する力の源となるものと考えられているのです。

この信仰宣言は、旧版では儀式の最後に置かれています。信仰宣言には、新版では使徒信条、ないしニケア・コンスタンチノープル信条という告白文を使用しますが、旧版ではさらにアタナシウス信条という今では珍しい形式の告白文も掲載されています。もちろん、悪魔に自由を奪われている状況で冷静に信仰宣言できる状態にはないだろうという意見もあるでしょう。しかし旧版の儀式書の流れから類推されることは、悪からの解放という結果そのものがエクソシズムの成功のしるしであり、それが信仰告白できることと密接に関連していると考えられていたということです。

新版の儀式書においては、儀式の構造上の中心が変更され、儀式の中心部にこの信仰宣言・洗礼の約束の更新および主の祈りが置かれています。それは信仰宣言と主の祈りそれ自体が解放をもたらす中心的な信仰の行為として位置づけられているからでしょう。

【八】主の祈り（五七項）

信仰宣言と共に主の祈りがエクソシズムの儀式の中心に置かれたのは一九九九年の儀式書においてです。

エクソシズムの儀式において、主キリストが使徒に教えた「悪からお救いください」という祈りは特別に意味深いものであり、儀式においてこの祈りが唱えられることは実にふさわしいといえます。主の祈りの結末の「悪からお救いください」は、単なる概念上の悪や困難、不幸という領域を超えた悪魔から解放してくださいという意味だからです。

【九】十字架の顕示（五八項）

主の祈りの後で、エクソシストは十字架をかざし、対象者にキリストの姿を示し、悪魔に対するキリストの力を示すよう十字架をもって十字のしるしをします。

古来、信仰をもって行う十字架のしるしのうちに悪魔に対抗する力があると信じられてきました。ヒッポリュトスの『使徒伝承』四二項には、「信仰をもってこの十字架のしるしをする限り、悪魔に立ち向かうための確かで力強いしるしとなる。……手・額・目（洗礼の際には耳と鼻にも）に十字架のしるしをすることによって、私たちを打ち滅ぼそうと試みる者を退けるのである」と記述されています。

【一〇】息の吹きかけ（五九項）

続いて、適当であれば任意で聖霊への嘆願の祈りと息の吹きかけをします。この息の吹きかけは、旧版の儀式書にはないものの古い時代からの洗礼式の際に行われていたエクソシズムの所作を採用したものと言えます。

息の吹きかけという古くからの典礼行為は聖霊の力を招き入れることを意味しており、ヒッポリュトスの『使徒伝承』二〇項には、「悪霊の追放が終わると司教は洗礼を受ける人の顔に息を吹きかける」とあります。

【一一】エクソシズムの祈り（六〇―六二項）

ここで状況が適切と判断された場合、エクソシストは悪霊が立ち去るよう神に嘆願する祈りと、悪霊に対して対象者から立ち去るように命ずる命令の祈りからなるエクソシズムの式文を唱えます。現在は、嘆願の祈りのほうが重要であるとされています。このエクソシズムの祈りは、司教ないしその代理に許可されたエクソシストによってしか行うことができません。

伝統的に、これらの祈りに加えて、エクソシストは式を受ける人を助けるために、参加者に主の祈り、アヴェ・マリア、使徒信条などを繰り返し唱えるよう指示します。

従来、このエクソシズムの祈りを中心に、儀式は数時間、あるいは数日間かけて段階的に行われる場合があるとされており、悪魔が完全に追い払われるまで続けられたと言われています。

【一二】感謝の祈り（六三―六四項）

エクソシズムが完遂した場合、古来、感謝の祈りとして福音書の讃歌であるベネディクトゥス、あるいはマニフィカトが唱えられてきました。

旧版では最後に改めて信仰宣言やアヴェ・マリア、主の祈りを唱えるように指示されています。新版においてはマニフィカトかベネディクトゥスのいずれかを唱えるようになっており、形式も簡素化されています。

【一三】閉祭（六五―六六項）

閉祭すなわち儀式の終わりには、新旧両儀式書とも、もはや悪霊による苦しみを受けることのないようにとの祈願が行われます。

旧版の儀式書では特に注記がされていないため、祈願の後は典礼の通常の方法で式を終えるのが適当と思われます。旧版には閉祭の祝福について明記されていませんが、新版では他の典礼書と同じように閉祭時の派遣の祝福（通常の年間のミサで用いられる盛式祝福）が指示されています。

【一四】単式のエクソシズムの祈り（新儀式書の付録一、旧儀式書の第三章）

新版の儀式書の付録一には、悪霊が人ではなく、特定の物や場所に憑依し、何らかの悪影響が生じた場合に行うエクソシズムの儀式が掲載されています。これは旧儀式書の第三章『サタンと堕天使へのエクソシズム』をもとに作成されたものです。

旧儀式書の第三章の式文は、もともと一八八四年に教皇レオ一三世が公布した簡潔なエクソシズムの祈りで、『ローマ典礼儀式書』の第八版のエクソシズムの項目に付加されたものです。公布当初から司教より許可を得た司祭が一般信徒と共に行うことができる儀式とされていました。それゆえ普段エクソシストとしての経験がない司祭でも、司教の許可があればこの儀式を執行することができます。

しかし、信者が共に実施できる典礼行為は当該儀式に規定されている特定の箇所に限られます。教皇レオ一三世の命令によって制定された『サタンと堕天使に対するエクソシズム』の定式文や儀式そのものを信徒が実践することは許されていません。まして旧版の儀式書に記載されている悪魔への直接的な問いかけを伴う定式句や悪魔の正体を知ろうとするための定式句を信徒が使用することも適当ではありません。

さらに信徒は按手を行うべきではありません。なぜなら、按手という行為は、典礼的に叙階を受けた司祭が行うものとして認められている所作だからです（教会憲章一〇項参照）。

また、付録一では悪魔の影響を退けるための信者たちの祈りの集いが規定されていますが、集会を開く際は前述のとおり教区司教の承認を受けなければならず、また司教が承認した司祭のみがこれを主宰することができます。

なお、エクソシズムとは別の文脈、たとえば単なる祈りの集会の場合でも、そこに司祭または助祭が参加しているときは、信徒が主宰者となることは典礼上望ましくないとされています。それは、叙階を受けた神の民のための奉仕者である聖職者が参加しているのであれば、参加者たちの間では叙階の秘跡にもとづく役務者としての奉仕の務めが適用されるからです。

この儀式の使用範囲は、人間以外の物や場所など幅広い事物に及びます。

儀式は聖書の朗読と諸聖人の連願をもって開始され、続いて聖母マリア、聖ミカエル、すべての聖人の取次ぎを願ってから詩編六七を唱えます。次に悪霊に対して退散を命じ、聖母マリア、大天使聖ミカエルへの祈り、結びの祈願と灌水で式を終えます。

儀式そのものは非常に短いものですが、悪霊の追放を中心にしたエクソシズムの祈りの一種であることには違いありません。

【一五】闇の力と闘うために信者が個人的に用いる祈り（新儀式書の付録二）

新しい儀式書の付録二には、まず邪悪な闇の力に対して神に助けと保護を願う五つの祈り、聖なる三位一体の神への祈り、イエスの御名の連願、五つの十字架のしるしを伴う主なる神への祈り、悪からの救いを願って捧げる処女マリア、あるいは大天使聖ミカエルへ取次ぎの祈り、そして諸聖人の連願といった祈りが記されています。

これらは、伝統的なカトリック教会の祈りではありますが、近年は以前よりも馴染みは薄くなってきたものばかりです。教会は、こういった教会の伝統的な祈りの重要性と効果をこの機会に再確認し、現代社会に生きるキリスト信者によく祈るよう促しているようにも思われます。

悪魔祓いにおける聖水、聖香油、塩

古来、エクソシズムの儀式においては、聖水の他に聖なる香油、塩、灰、聖人の遺物がよく用いられてきました。しかし、エクソシズムの儀式書には水の祝福についての記載はありますが、聖香油や塩の使用については触れられていません。それは使用が禁止されているということではなく、その使用は任意とされているということです。

エクソシズムに限らず、現行の洗礼式、その他の典礼において塩が用いられることは少なくなりましたが、古代の教会では、洗礼の際、塩を舌に触れさせるという典礼行為と、さらに司祭が唾を口と鼻と耳につけてエファッタ(「開け」という意味)と宣言する儀式が付随していました(なお、現行のラテン語規範版では唾はつけず親指で触れるのみとなっています)。

また、古来、洗礼式では、受洗者が悪霊を退けるために聖香油によって五官を刺激し、身体の主要な部位に十字架のしるしを行っていたといいます。この聖なる香油の塗油によって悪魔が追い払われたという記述がアウグスティヌスの『神の国』にも見出されます。

三世紀のヒッポリュトスは、洗礼の際に全身に志願者の体に「悪魔追放のための油、闘いの油」を塗って悪霊の追放を宣言していたと伝えており、また四世紀の神学者のひとりエルサレムのキュリロスは「全身に香油を注ぎ、魂と体とを清め、悪の力と戦う」と言い、六世紀のジョヴァンニ・ディアーノは「聖なる塩がサタンを追い出し、肉を保存するかの如く魂を健全に、清く保つ」と言っています。

四世紀後半の司教セラピオンの祈禱書『エウコロギオン』からは、病者のための油が祓魔の力を持つものとしても用いられていたことを窺い知ることができます。

これら一連のエクソシズムの儀式の所作は、現代においても効果的であるとエクソシストたちは語っています。

ちなみに、聖トマスはこれらの一連の行為を次のように説明しています。

「口に塩を含ませ、鼻と耳に唾を塗りつけるのは、耳に関しては信仰の教えを受容し、鼻に関しては信仰の教えを是認し、口に関しては信仰を宣言することを表す。これに対して塗油は受洗者が悪魔に対抗して戦う力を表す」（『神学大全』III, q. 71, a. 2）

十字架のしるし

十字架のしるしが悪魔に対して絶大な効果があるということも古来、教会で信じられていたことのひとつです。

初期キリスト信者たちは、十字架のしるしは、神に忠実な民を区別し、魂が誘惑と戦うときに助け、自分たちをすべての悪から守り、さらに悪魔を恐れさせるものであると理解していました。五八項で紹介したヒッポリュトスの『使徒伝承』以外にも、たとえば四世紀の聖人ヨハネス・クリゾストモスは、十字架のしるしに見出されるキリストの力を絶えず頼みとするよう、「十字架のしるしをすることなく、決して家を出てはなりません。そのしるしは、あなたにとって杖であり、武器であり、堅固な要塞であるでしょう」と信者に強く勧めていました。

先述した四世紀のエルサレムのキュリロスは、十字架のしるしの儀式的行為を「信じる者たちの徽章(きしょう)」、またキリスト信者に害を与えるようとする「悪魔にとっての恐怖」と呼んでいます。「私たちのしるしとして、指で額に十字を大胆に切りましょう。そしてあらゆる機会に、私たちが食べるパンの上に、私たちが飲む杯の上に。帰宅するときと外出するときに。眠る前に。横になるときと起き上がるときに。どこかへ行く途中で、そしてじっとしているときに。十字架のしるしは、強力な守りの手段です。それは神からの恵みであり、信じる者たちの徽章であり、悪魔にとっての恐怖だからです。……悪魔が十字架を目にするとき、十字架に架(か)けられた方のことを思い出し、『竜の頭を砕かれた』方を恐れるからです」

また、古代の神学者テルトゥリアヌスも、一日中、十字架のしるしを自分にしていた信仰者たちの日常的慣行について次のように述べています。

「旅行や何らかの活動をするときはいつでも、帰宅するとき、外出するときはいつでも、また靴を履くとき、入浴するとき、食卓につくとき、明かりをつけるとき、横になるとき、座るとき、またどんな仕事をしているときでも、私たちは額に十字架のしるしをするのです」

図6　聖ベネディクトのメダイ。表面には聖ベネディクトの向かって左下に毒入り葡萄酒の杯、右下にカラスの姿。裏面の「C・S・P・B」は「Crux Sancti Patris Benedicti（聖なる父ベネディクトの十字架）」を表す。

聖ベネディクトのメダイ

エクソシズムには古くからの伝統として聖ベネディクトのメダイがよく用いられました。

聖ベネディクトは聖なる十字架に磔（はりつけ）にされたイエスに対して深い尊敬を持っており、十字架のしるしによって多くの奇跡を起こし、闇の霊を超える大きな力を発揮していたと言われています。

聖ベネディクトのメダイは、嵐、毒、疫病、悪魔の軍団などに対する力を持つものとされ、古来、ベネディクト会士によって祓魔式のときにも用いられてきました。

聖ベネディクトのメダイは、正面の中央に聖なる十字架と会則を記した書を手にしている聖ベネディクトの姿が刻まれており、聖人に向かって左下には、聖ベネディクトがかつて奇蹟的に回避した毒入り葡萄酒の杯（砕けた杯から蛇が現れたと言われている）が、向かって右下には毒入りのパンを取り去ったとされるカラスの姿があります。

エクソシズムと精神医学

本章の最後に、エクソシズムと精神医学について改めてまとめておきたいと思います。

盛儀のエクソシズムは、悪魔の憑依が社会通念上確実と見なされる場合にのみ行われます（儀式書緒言一六項）。したがって、通常は、いかなる盛儀のエクソシズムの使用も診断目的では認められないものと考えられます。

まず、悪魔の憑依の疑いがあると報告された場合、儀式書の緒言Ⅲにあるとおり、本当に被害者が悪魔の働きによって苦しんでいるのかどうか慎重に調査します。

併せて、「医学、特に精神医学の専門家に可能な限り相談し、慎重な検討を行った後」（一七項）に儀式を執行するよう指示しています。さらに経験豊富なエクソシストの助言を仰ぐことも可能です。

こうして悪魔の働きが確認されて初めて正式にエクソシズムに進むことが可能となります。ただし、式を受ける人の同意がなければ儀式は執行できません。

しかし以前から、しばしばエクソシズムが実施されない限り悪魔の存在が確証できない恐れがあるとの反論があるのも事実です。精神的な疾患と悪霊の憑依現象とは、見分けがつきにくいため、エクソシズムに関する最善の診断は、祈り、特にエクソシズムの祈りの一部を仮に実施し、専門的な治療を受けている者の反応を観察することにあるという意見もあります。

ただ、盛儀のエクソシズムの不注意かつ時機を誤った使用は、（私自身の経験から言ってもそうですが）エクソシズムの儀式そのものが精神医学の分野で知られる擬似的憑依現象、トランス状態を引き起こす可能性もあるため、司祭の思い込みや早計な判断がかえって危険をもたらし、解決を遠ざけてしまう可能性も指摘しておく必要があります。

疑似的憑依によるトランス状態が誘発されるといった状況は、生活環境やトラブルの経験から身体的・心理的バランスが不安定になった人に生じる可能性があります。

一方で、精神的な疾患に対する儀式のもたらす一時的なプラセボ効果が起きることも十分考えられるため、真の憑依現象なのかそうでないのかを医学の専門家の支援のもとで常に慎重に判断していかなければなりません。

こうした懸念があるため、エクソシストは典礼および教会法の規則を注意深く順守しつつ、医学の専門家にも諮らねばならず、自分勝手な判断によってこの儀式を執行してはなりません。

ましてカリスマ運動などにおいて癒やしのための活動と称して許可なく儀式が執行されることはあってはなりません。

その一方で、教会の牧者（司祭や司教）は、悪魔に憑かれたと教会の扉を叩く人々に対して、その状況が精神的な疾患に由来していると容易に判断できる場合であっても、「教会はあなたの来るべきところではない」などと言って冷たくあしらうような態度を取るべきではありません。

もちろんこうした人にとっては、専門家の治療こそが重要であり、エクソシズムの儀式は必ずしも有効であるとは言えません。しかし、彼・彼女たちは自分の話を誰かに聞いてほしいのです。ですから教会として人々の苦悩を受け止め、その問題と向き合い、最適な形で専門家の医師の治療に委ねるなど、できる限り必要な寄り添いや支援を提供することこそが、教会の根本的な任務、愛の奉仕であると思います。

憑依現象と精神疾患との関係性

今や従来の悪霊の憑依現象は、かなりの程度で科学的に診断することができるものとなっています。つまり悪霊を追い払うことの大半は、実際のところ精神疾患の治療と置き換えることができるまでに至っていると言えます。

もちろんそうでない可能性、つまり何らかの霊的な影響があることも教会に生きる人間としては了解しておく必要があります。そもそも教会の働きとは基本的に精神的、霊的なものであるのです。その意味で、ケースごとにエクソシストが専門家の協力のもとで真にエクソシズムが必要な状況かどうかを識別することは、当事者を的確な治療に導くという別の意味での重要性を持つと言えます。

WHO（世界保健機関）が出している『国際症病分類』（通称ICD）の中に「トランスならびに憑依障害」という項目があります。

これには「自己同一性の感覚と十分な状況認識の両者が、一時的に喪失する障害。症状によっては、あたかも他の人格、霊魂、神、あるいは力に取り憑かれているかのように振舞う。……これには不随意的か意図しない、かつ宗教的ないし文化的に受容される状況を逸脱して（あるいはそれらの状況の延長として）生じ日常の生活行動の中に侵入するトランス状態のみを含めるべきである。幻覚あるいは妄想を伴う統合失調症性あるいは急性の精神疾患、あるいは多重人格の経過中に起こるトランス状態をこれに含めるべきではない。トランス状態が、何らかの身体的障害、あるいは精神作用物質の中毒と密接に関連すると判断されるならば、このカテゴリーを使うべきではない」（F四四・三）と書かれています。

また二〇一四年のアメリカ心理学協会発行の『精神疾患の診断・統計マニュアル 第五版』（通称DSM-5）においては、「特定不能の解離性障害」という項目が三〇〇・一五に記されています。第五版は簡潔な書き方になっていますが、古い版の改訂第三版（DSM-3R）の同項では、「当人が不意にトランス状態に陥り、そのため臨床医学的意味を持つ疾患や機能障害を受ける場合」があり、また「優勢な障害が解離性症状、すなわち同一性、記憶、または意識の正常な統合機能の障害、ないし変化であるが、特定の解離性障害の診断基準には当てはまらないもの」と記されています。

これは、憑依現象と言われるものには通常は日常生活を普通に送れている人が突如として陥る疾患も含まれるということを示しています。

現代日本の精神科医療の見地からは、いわゆる「悪魔憑き」という現象は、統合失調症、解離性同一性障害、ヒステリー、祈禱性精神疾患、憑依型感応精神疾患と言われる病として診断されるかもしれません。

それらの精神疾患は、多くの場合、たとえば以前に受けたさまざまな悲劇的な体験（性的虐待など）に原因が求められます。すなわち、人間が虐待や疎外などで極端に身体・精神を傷つけられるような異常な嫌悪すべき体験をした場合、自らの人格を正常に保つため、自らを保護するために、あたかもその悲劇は別の誰かのものとするために心身の統合が乱れ、人格が分裂し不安定になるものと説明されます。

性暴力の被害にあった人、風俗業で長らく働いてきた人々が、後年になって解離性障害、多重人格障害などの精神疾患を負う割合が高いことも報告されています。

実際、私自身のエクソシズムの経験から言えることは、儀式を希望する人がトランス状態となった際に、本人とはまったく別の人格が口にする言葉は、往々にしてその人が受けてきた心と体の傷に対する苦しみ、激しい怒りや悲しみの経験に由来する深層心理によるものです。

憑依現象と精神疾患との関係性については、最近多くの精神科医が臨床経験からの知見をまとめているのでそれらを参照すべきですが、一般に憑依状態というのは、主に、「一、人格変換体験」「二、憑依者の神秘的、宗教的性質」「三、内的異常体験による言動異常」の三つが組み合わさった状態だと言われています。これはある程度、新版のエクソシズムの儀式書の緒言に書かれている悪霊の憑依についての記述と似ています。

かつては医学が十分発達していなかったため、ある程度はこうした精神疾患と悪魔憑きとは混同されていたことでしょう。しかし近年ではより明確に整理・区別されるようになってきました。

しかしそれでもなお、後天的な精神疾患をもたらす原因の根源には、人間を介してもたらされる悪魔的な力を感じずにはいられません。

精神疾患というものと福音書に出てくる悪霊憑きのエピソードとは確かに酷似してはいますが、両者を混同してはいけません。ただ、もし悪霊でなく、それとよく似た解離性障害などの精神疾患に苦しむ人が救いを求めてイエスの元を訪れたとしても、イエスは間違いなく相手の痛みを理解し、深い憐みの心をもって、辛抱強くその人と向き合い、原因となる囚われからその人を解放したはずです。

✠ エクソシズムの式文［訳例］

＊一九九九年にローマ教皇庁から発行された新しい悪魔祓いの儀式書『盛儀のエクソシズムと関連する種々の祈り』では、付録の祈りを含めると三組のエクソシズムの祈りが用意されています。

＊エクソシズムの祈りは、嘆願と命令のふたつの式文からなるものですが、その「第一章　盛儀のエクソシズム」「第二章　儀式において使用可能な任意の式文」「付録一　特殊な状況に用いることができる教会の嘆願の祈りとエクソシズム」それぞれに掲載されている「エクソシズムの式文」（訳例）をここにご紹介します。

＊✢は十字架のしるしをする指示です。

＊原文はラテン語であり、日本のカトリック教会からはいまだ正式な儀式書の日本語訳は出されていないため、内容上の保証はなく、あくまでも著者が訳したひとつの訳例であることをご承知おきください。

＊また、訳例とはいえエクソシズムの式文を司教から許可を得た司祭以外が唱えることは許されておりません。万が一、興味本位で使用された場合、いっさいの責任は負えませんので、ご注意ください。

第一章　「盛儀のエクソシズム」の「エクソシズムの式文」

〈懇願の式文〉

人類の造り主であり、守り主である神よ、
あなたがご自身の御姿（おすがた）に似せて形造られ、あなたの栄光を分かち合う者としてお呼びになった、この僕（しもべ）（婢（はしため））○○○○（儀式を受ける者の名）を顧みてください。

古（いにしえ）からの敵が彼（彼女）を容赦なく苦しめ、荒れ狂う暴力で襲いかかり、激しい恐怖で翻弄しています。

今こそあなたの聖霊を彼（彼女）のもとに送ってください。この苦難において彼（彼女）を力づけ、試練の中にあって祈ることを教え、聖霊の力強い保護によって彼（彼女）をお守りください。

聖なる父よ、あなたの教会の嘆願の祈りを聞いてください。あなたの息子（娘）が偽りの父に取り憑かれるがままになさらないでください。キリストがその尊い血をもって罪を贖（あがな）われたあなたの僕（婢）が、悪魔の虜（とりこ）となるのをおゆるしにならないでください。あなたの霊の神殿が、不浄な霊が住まうところとなるのをおゆるしにならないでください。

慈しみ深い神よ、祝福された乙女マリアの祈りを聞き入れてください。御子は、十字架の上で息を引き取ろうとしていたそのとき、古の蛇の頭を打ち砕かれ、すべての人間をご自分の母に子どもとして委ねられました。

真理の光が、このあなたの僕（婢）の上に輝き、平和の喜びが彼（彼女）のもとを訪れ、聖なる霊が彼（彼女）を満たし、その内に留まり、彼（彼女）が平穏と清らかさを取り戻すことができますように。

主なる神よ、祝福された大天使ミカエルと、あなたに仕えるすべての天使の祈りをお聞きください。

全能の神よ、悪魔の力を打ち砕いてください。

真理と慈しみの神よ、偽りに満ちた悪魔の待ち伏せを退けてください。

自由と恵みの神よ、邪悪な者の束縛を断ってください。

人の救いを喜ばれる神よ、あなたの使徒ペトロとパウロ、そしてすべての聖人たちの祈りをお聞きください。彼らはあなたの恩寵（おんちょう）によって邪悪な者に打ち勝ちました。

このあなたの僕（婢）を、すべての悪意ある力から解放し、平和の内にお守りください。そして揺るぎない信仰に再び満たされた彼（彼女）が、心からあなたを愛し、その行いによってあなたに忠実に仕え、賛美によってあなたに栄光を帰し、生涯あなたを崇めますように。
私たちの主キリストによって。

アーメン。

〈命令の式文〉

私はおまえに命じる。
人類の救いの敵であるサタンよ、父なる神の正義と善を知れ。
神はかつてその正しい裁きによっておまえの傲慢さと妬みを打ち砕かれた。
主がその御姿に似せて造られ、ご自分の賜物で飾り、
慈しみ愛する子どもとされたこの神の僕（婢）から立ち去れ。
私はおまえに命じる。この世の王であるサタンよ、イエス・キリストの力と強さを知れ。
キリストは、かつて荒野においておまえに勝利し、ゲッセマネの園においておまえを打ち倒し、
十字架の上でおまえを打ち破り、墓から立ち上がって、おまえから奪ったものを光の国へと持ち
帰られた。キリストは、その誕生において、この神の被造物である○○○○をご自分の兄弟（姉妹）

とされ、その死において、尊い血によって勝ち取られた。それゆえ、この者から立ち去れ。


私はおまえに命じる。

サタン、人類を欺く者よ、真理と恵みの霊を知れ。おまえの妬みを打ち払い、おまえの嘘を打ち砕き、彼（彼女）を守られるその霊を。それゆえ、神の被造物である〇〇〇から立ち去れ。神は天からこの者に刻印を与えられたのだ。

神が油を注がれ聖なる神殿とされたこの僕（婢）から立ち去れ。

それゆえ、退けサタン。父✣と、子✣と、聖霊✣の御名によって。

教会の信仰と祈りによって立ち去れ。

この聖なる十字架の印✣によって立ち去れ。

世々に生き、支配しておられる私たちの主イエス・キリストによって。


アーメン。

第二章 「儀式において使用可能な任意の式文」の「エクソシズムの式文」

〈その他の懇願の式文1〉

天の神、地の神、
天使たちの神、大天使たちの神、
父祖たちの神、預言者たちの神、
使徒たちの神、殉教者たちの神、
聖なる司祭たちの神、聖なる乙女たちの神、
すべての聖人たちの神である主よ。
あなたは死後の命を与え、苦難の後の安息を与える力を持ち、
目に見えるもの、見えないものすべてのものの造り主、あなたの他に神はありません。
神よ、あなたはすべての者が救われるようお望みになり、この世を深くお愛しになり、悪魔の仕業を打ち砕くべくご自身のひとり子を与えられました。
私たちは慎んであなたの大いなる栄光を讃(たた)えて祈ります。
ここにいるあなたの僕(婢)を地獄の霊が持つあらゆる力、罠(わな)、欺瞞(ぎまん)、悪行から解放し、平和の

内にお守りください。

主よ、あなたの御子が弟子たちに約束した真理の霊を遣わしてください。

あなたが悪魔を稲妻のように突き落とされた天から、あなたの聖霊を遣わしてください。私たちの本性を脅（おびや）かし、虐（しいた）げる者を遠くへと追い払うために、
聖霊を遣わし、すべての悪より私たちをお守りください。

私たちの主キリストによって。


アーメン。

〈その他の命令の式文1〉

立ち去れ、人類の古の敵よ。私はおまえを追い払う。
神の被造物である○○○○から退け。
私たちの主イエス・キリストがおまえに命じる。
キリストは、その謙遜によっておまえの虚栄心を打ち破り、
その寛容によっておまえの妬（ねた）みを打ち倒し、
大いなる柔和によっておまえの粗暴さを圧倒された方である。

鎮まれ、偽りの父よ。
この神の僕（婢）が、主を崇め讃えることを妨げてはならない。
イエス・キリストがおまえに命じる。
すなわち父の知恵にして偉大なる真理の輝き、
その言葉は霊であり命そのものである方が。

不浄な霊よ、この人から立ち去れ。
聖霊にその場を明け渡せ。
イエス・キリストがおまえに命じる。
聖霊によって聖なる乙女から罪を負うことなくお生まれになり、
その血をもって万物を清められた、神の御子であり、人の子がおまえに命じる。

それゆえ、退け、サタン。
神の指によっておまえを投げ落とし、おまえの国を破滅させた強き方、
イエス・キリストの御名によって立ち去れ。
教会の信仰と祈りによって立ち去れ。

柔和な子羊は、かつて私たちのために十字架上で犠牲となられ、
おまえの凶暴な力から私たちを救い出してくださった。
その聖なる十字架の力✛によって離れ去れ。

世々に生き、支配しておられる私たちの主イエス・キリストによって。

アーメン。

〈その他の懇願の式文2〉

万軍の主である聖なる神よ。
あなたは森羅万象のすべてを造られ、
あなたの栄光は天地に満ちています。
あなたはケルビムの上に座し、いと高きところに住まわれ、
あなたは天も地も見渡され、深淵(しんえん)をも見通されています。
主よ、あなたの目を見開いて、
あなたの被造物である○○○の苦しみをご覧ください。
その者の苦しみのため、私たちはあなたに謹んで祈ります。
あなたの力を現して、あなたの聖なる霊を遣わし、
あなたの力によって悪魔のすべての圧迫を退け、偽りに満ちた奸計(かんけい)を取り除いてください。
このあなたの僕(婢)が、心の平穏と正常な精神を再び得て、
あなたに仕える者としてふさわしい勤めを果たすことができますように。

人類の創造主であり救い主である神よ。
あなたは、世の初めから人(男と女)をあなたの似姿としてお造りになり、

創造主であるあなたにのみ仕え、被造界のすべてを従わせるように、全世界を世話する役割を人にお委ねになりました。

罪によって傷ついた人類の有様に心を留めてください。

そして、悪魔の偽りによって打ちのめされている、このあなたの僕（婢）にあなたの善良さをお示しください。

彼（彼女）が、敵から解放され、あなたこそ唯一の神、唯一の主であることを認めることができますように。


限りなく慈しみ深い神よ。

あなたは、私たちを贖うために、あなたのひとり子をこの世にお遣わしになりました。

彼を信じる者が、決して滅びることなく、永遠の命を得られるよう、あなたはご自分の御子を十字架に上げられ、死の宣告を消し去り、すべての者をご自分のもとにお引き寄せになりました。

苦しみを受けているあなたの僕（婢）〇〇〇のために祈りを捧げるあなたの教会をあわれんでください。

すべての敵対する力が追い払われて、キリストがその尊い血をもって罪を贖われた彼（彼女）が、あなたの右の手によって守られますように。

あなたと共に世々に生き、支配しておられる御子、私たちの主イエスキリストによって。

アーメン。

〈その他の命令の式文2〉

生ける神、真理の神、聖なる神によって、私はおまえを追い払う。
最も不浄な霊、信仰の敵、人類の敵、死をもたらす者、偽りの父、諸悪の根源、
人間を唆(そそのか)す者、苦しみを招く者、忌まわしい竜よ。
私たちの主イエス・キリストの御名によっておまえに命じる。
この神の被造物から離れ、立ち去れ。
キリスト御自身がおまえに命じる。
キリストは天の高みから、地下深く沈むようおまえに命じられた。
キリスト御自身がおまえに命じる。
キリストは海と風と嵐に鎮まるように命じられた。
キリスト御自身がおまえに命じる。
肉となった永遠の神の御言葉は、

おまえの妬みによって迷い出た人類を救うために、ご自身を低められ、死に至るまで従順であられた。

その方を恐れるがよい。

キリストは、イサクにおいて犠牲となり、ヨセフにおいて奴隷として売られ、子羊として殺され、
人として十字架につけられ、ついに地獄に打ち勝たれた。

そのキリストに場所を譲れ。

キリストの内に、おまえは、自分の業を何ひとつ見出せなかった。

神の力強き御手の前にひざまずけ。

私たちが聖なるイエスの御名を呼ぶとき、震え上がって立ち去れ。

イエスの前で地獄は震える。

彼には天の力（りき）天使と能天使と主天使が従い、
ケルビムとセラフィムは疲れを知ることなく褒め讃えて歌う。

聖なるかな、聖なるかな、聖なるかな、万軍（ばんぐん）の神なる主、と。

それゆえ、立ち去れ。

父✣と、子✣と、聖霊✣の御名によって、聖なる十字架のしるしによって聖霊にその場所を譲れ。

あなたと共に世々に生き、支配しておられる御子、私たちの主イエス・キリストによって。

アーメン。

付録一　「特殊な状況に用いることができる教会の嘆願の祈りとエクソシズム」の「エクソシズムの式文」

〈懇願の式文〉

天の神、地の神、
天使たちの神、大天使たちの神、
父祖たちの神、預言者たちの神、
使徒たちの神、殉教者たちの神、
聖なる司祭たちの神、聖なる乙女たちの神
すべての聖人たちの神である主よ。
あなたは死後の命を与え、苦難の後の安息を与える力を持ち、
目に見えるもの、見えないものすべてのものの造り主。
あなたの他に神はなく、その御国(みくに)は終わることがありません。
あなたの偉大な栄光のゆえに謹んで祈ります。
あらゆる地獄の霊の力と欺瞞と悪行から、

力強く私たちを解放し、平和の内に守ってください。

私たちの主キリストによって。


アーメン。

〈命令の式文〉

すべての不浄な霊よ、すべての暗闇の力よ、地獄の敵対者、あらゆる攻撃者よ。

すべての魔性の軍団、集団、その分派よ。

私たちの主イエス・キリストの御名と御力によって、私はおまえを追い払う。

神の教会と、神の御姿に似せて造られ、聖なる子羊の尊い血によって罪を贖われた魂から離れ、
立ち去れ。

狡猾(こうかつ)な蛇よ、これ以上、大胆にも人類を騙し、
神の教会を迫害し、神に選ばれた者を揺るがし、
小麦のようにふるいにかけてはならない。

いと高き神がおまえに命じる。

おまえの尊大な自惚(うぬぼ)れによって、おまえは自らを神と等しい存在であると見なそうとしている。

しかし、神は、すべての者が救われて真理を知ることを望まれている。

父なる神が、おまえに命じる。
子である神が、おまえに命じる。
聖霊である神が、おまえに命じる。
キリストがおまえに命じる。
肉となった永遠の神の御言葉がおまえに命じる。
キリストはおまえの妬みによって迷い出た人類の救いのために、
ご自身を低められ、死に至るまで従順であられた。
キリストは、固い岩の上にご自身の教会をお建てになり、
世の終わりに至るまで常にご自分の教会と共にあり、
地獄の門も教会に打ち勝つことは決してないと宣言された。

聖なる十字架✢の神秘と、キリストの教えのすべての神秘の力が、おまえに命じる。

気高き神の母、乙女マリアがおまえに命じる。

汚れなき受胎の瞬間から、その慎ましさにおいておまえの尊大な頭を打ち砕かれた方が。

聖なる使徒ペトロとパウロ、そしてすべての使徒たちの信仰が、おまえに命じる。

殉教者たちの血と、すべての諸聖人の敬虔なる取りなしが、おまえに命じる。


それゆえ、悪魔の軍団よ、おまえに命じる。

生ける神、真理の神、聖なる神の御名によって。

神は、その御ひとり子をお遣わしになるほどに、世を愛され、
彼を信じるすべての者が滅びることなく永遠の命を得られるようにされた。

人間という神の被造物を欺くことをやめ、永遠の破滅という毒を飲ませることをやめよ。

教会の妨げとなることをやめ、自由となった民の周りに罠を張ることをやめよ。

退け、サタン。偽りの父、人間の救いの敵よ。

キリストにその場所を明け渡せ。

キリストの内に、おまえは自分の業を何ひとつ見出せなかった。

キリストがその血をもって勝ち取られた、
唯一の、聖なる、普遍の、使徒継承の教会にその場所を明け渡せ。

神の力強き御手のもとにひざまずけ。

私たちが聖なるイエスの名を呼ぶとき、震え上がって立ち去れ。

イエスの前で地獄は震える。
彼には天の能天使と主天使が従い、
ケルビムとセラフィムは絶え間なく褒め讃えて歌う。
聖なるかな、聖なるかな、聖なるかな、万軍の神なる主、と。

第五章

悪魔とはいかなる存在か

旧約聖書には悪魔憑きのエピソードは存在しない

キリスト教の神は、唯一全能の神です。神にはあらゆることが可能です。それなのになぜ、神は悪魔を滅ぼさないのか。いやそもそもなぜ悪魔がいるのか。悪魔がいなくなれば人間はより平穏に暮らせるようになるはずなのに、神はなぜそうはなさらないのか。これはキリスト信者ならずとも突き当たる疑問でしょう。

神はなぜ、悪を滅ぼさないのか。そもそも、なぜ悪は存在するのか。その理由は誰にも分かりません。まさに神のみぞ知るところであるわけですが、私としては、悪の存在は何かしら私たちの善性と関係しているのではないかと考えています。アウグスティヌスの言うように、悪とはつまり善の欠如であり、善を強め成長させるために神の手からこぼれ出た諸相のひとつではないかと思うのです。

教皇ヨハネ・パウロ二世は、「悪がこの世に存在するひとつの理由は、私たちの愛を呼び覚ますためです」と説明しています。つまり、悪魔のおかげで人はかえって神から与えられる聖性を高められたとも言い得るのです。

この問題について詳しく語るためには、まず、悪魔とは何かという話から始めなければなりません。悪魔、あるいは悪霊とはどのような存在なのか。

実は旧約聖書には、悪魔憑きのエピソードはありません。悪霊に憑かれた人についての記述もなく、病気の原因が悪魔や悪霊のせいにされる事例もありません。そもそも、旧約聖書の記述から現在一般に流布している悪魔のイメージをはっきりと描き出すことさえ困難なのです。

ただし「霊的なもの」はたくさん出てきます。ある人に神の霊が下りて預言を語ったとか、あるいはロバに霊が下って人間の言葉を話したといった記述が旧約聖書にはあります。しかし、いずれも悪霊としてではありません。少なくとも、それらの霊は人間を苦しめたり滅ぼそうとしたりしていません。

アジア諸国では、さまざまな霊的存在、目に見えない存在が宗教感覚として認められています。そうした存在の中には、天災や疫病をもたらすものもあれば、人に苦しみをもたらすとされているものもあります。その逆に、守護霊や祖霊といった「善霊」も存在します。旧約聖書に描かれているのは、アジアにおける善霊の働きに近いものと言えるかもしれません。

悪魔がイエスの命令に従う理由

一方で、新約聖書には悪魔や悪霊が人に憑くシーン、イエスが彼らを追い払うシーンが多数描かれています。

いずれも、たった一回の命令でイエスは相手を退けます。「退け」とか「黙れ」とか「鎮まれ」と命じると、悪魔も悪霊もたちまち退散してしまう。なぜかといえば、イエス自身が神の言葉そのものだからです。彼に命じられて平然としていられる存在はない、というわけです。

新約聖書に描かれている悪魔や悪霊には、この世の霊的領域は自分たちの独壇場だと思っている様子が窺えます。しかし、イエスが地上にやって来た以上、すでに神の支配が始まっていることを彼らは鋭敏に理解しています。イエスが活動すればするほど、物理的にも霊的にも、どんどん自分たちの居場所がなくなっていくと分かっている。

新約聖書の『マルコによる福音書』には、悪霊がこんなことを言うシーンがあります。

「ナザレのイエス、かまわないでくれ。（おまえは）我々を滅ぼしに来たのか。正体は分かっている。神の聖者だ」（マコ一・二四）

その悪霊は、イエスを神だと認識しています。とても太刀打ちできる相手ではないということも理解しています。

他方、弟子たちはいまだにイエスを「偉い先生だ」くらいにしか思っていないフシがあります。新約聖書にはそうした場面がいくつもあって、むしろ悪魔や悪霊のほうがイエスを良く理解している、信じて疑わないでいるではないか、とさえ思えます。しかしこれは真の意味での信仰と呼べるものではありません。聖トマス・アクィナスは、イエスの存在、イエスの力を認めること、教会の教義や信条を単に是認することと、信仰することとは別ものだと述べています。聖トマスによれば、真の信仰とは、自らの理解を超えた存在への愛によって形造られた全幅の信頼、無条件的帰依(きえ)です。言い換えればイエスのように父なる神の御心を自らのものとして生きようとする態度そのものです。それはおのずと愛における神との交わり、隣人との温かな関わりへと人を導き入れるものです。ですから信仰は、単なる宗教的な熱狂でも、教えや習慣に迎合することもでもないのです。

新約聖書には、イエスを敬わない人もたくさん登場します。たとえば『マルコによる福音書』（六・一―六）には、イエスの故郷であるナザレの人たちが「この人は大工ではないか」などと言ってイエスをまったく理解しなかった、という記述があります。彼らは不信仰きわまりなく、そのためにイエスはナザレではごくわずかな奇跡しか行えませんでした。「イエスは彼らの不信仰ぶりに驚いた」という一文でこのエピソードは締め括られるのですが、イエスが驚くなどということは、そう滅多にはありません。

イエスはなぜ信仰を強要しなかったのか

どのような悪魔、悪霊が現れようとも、イエスはいっさい驚きません。彼らの言葉にもまったく動じません。

イエスは宣教活動を始める前に、荒野で四〇日の断食をしました。空腹に苦しむ彼のもとに、悪魔が現れて、こう囁きます。

「おまえが神の子なら、ここにある石がパンになるように命じたらどうだ」

イエスは答えて曰く。

「人はパンだけで生きるのではない。神の口から出る一つひとつの言葉で生きる」

悪魔は何も反論できず、次にイエスをエルサレムの神殿の屋根の上に連れ去り、「おまえが神の子なら、ここから飛び降りてみたらどうだ」と挑発します。

「神を試してはいけない」

イエスはそう打ち返したあと、さらに、「もし、ひれ伏して私を拝むなら、この世のすべての国とその富を与えよう」と唆すサタンに向かって、「退けサタン」と命じます。悪魔は何も抵抗せず、ただ退散します（マタ四・一－一一）。

このようなイエスの力も、しかし信仰のない人たちには通じないのです。神に信頼する心がない人は、まさに救いようがないわけです。

あるいはそれは、あえて信仰を強要しなかったということなのかもしれません。イエスの力をもってすれば、たとえば天から雷を落として信仰のない人たちの町を焼き払い、「神を信じないとこうなるぞ」と脅すことは簡単だったはずです。

あるいは十字架に架けられたとき、そこから降りて宙に浮き、「神の力とはこのようなものだ」「だから信じなさい」と言うこともできたでしょう。しかし、そうはしなかった。

なぜなら、それでは真の神の愛は証されることなく、もはや真の信仰も生まれないからです。信仰とは、自ら自由意志に基づいて自分に向けられた神の無償の愛を悟ることです。神の存在も、神の愛も、誰かに強要されて信じるものではないわけです。「人は宙に浮くことはできませんよね?」「でも私は神の子であるから、このように浮いています」「みなさん、神を信じましょう」などという形で、マジックのように誘導されて信じるものでもありません。だからこそイエスはそうした力を示さなかったのでしょう。

神に反逆した天使たち

信仰心がまるでない人たちがいる一方で、悪魔や悪霊たちは神の子であるイエスを恐れ、イエスの命令に従います。従わざるを得ないのです。人間には神を信じる者、信じない者がいるのに、悪魔や悪霊はおしなべて神の力を確信していると思われる様子が、聖書の記述から見てとれます。これはいったい、なぜなのでしょうか。

おそらく、彼らはもともと神に近い存在、天使であったからでしょう。

しかし、悪魔は神と同等の存在ではありません。神は万物の創造主ですので、悪魔ももともとは神が創った天使でした。天使の本来の役割は、神への賛美と奉仕です。しかし、あるときから高慢と嫉妬のために神に反逆する天使たちが現れました。彼らは神に罰せられ、天界を追放されます。その追放された天使たち、すなわち堕天使たちが悪魔や悪霊だとされています。神は被造物である天使にも堕落し神に反逆する自由意志を与えているのです。

悪魔というのは唯一の存在ではありません。悪しき霊のなす働き全体を「悪魔」と呼ぶことも可能でしょう。その中にはさまざまな悪魔がいるわけです。神には名はありませんが、悪魔には名前がつけられていて、彼らは悪霊たちを配下にして、人間を脅かします。悪魔はたくさんいる。その手下である悪霊の種類はさらに多い。簡単に言えば、そういうことです。

こうした概念が生まれた時期や場所を正確に特定することはできませんが、「悪魔や悪霊は神に反逆した天使であり、悪霊の頭目（とうもく）が悪魔である」という考え方は、新約聖書が成立するより少し前の

『エチオピア語エノク書』などの聖書外典文書に示されています。そこにある悪魔像は、四世紀から五世紀にかけてカトリック教会で踏襲され、一二一五年の第四ラテラノ公会議において、公の教義として示されました。そしてそれが、現代に続いています。

悪霊とは

宗教史的に見ると、悪霊は、ギリシア語でダイモーン（Δαίμων）、ラテン語でデーモン（daemon）と呼ばれ、人間や社会に不幸・災厄をもたらすと信じられている霊的存在、またはその力を指すものとされてきました。

そうした悪霊の存在を信じることは、善なる霊の存在を信じるのと同様に非常に古い習慣でした。古代バビロニアにおいてシュメール人は、悪霊の存在を信じていただけでなく、病気をもたらすとされる悪魔憑きの存在も知っており、さらにそれを治すための祓魔式も行っていたといわれています。バビロニアの天地開闢物語『エヌマ・エリシュ』には、すでに互いに戦うふたつの神（マルドゥク神とティアマト神）とその集団が登場します。

シャーマニズムでは、洋の東西を問わず、悪霊と善霊の憑依が呪術として利用されています。古代ギリシアの哲学者たち、プラトンやプルタルコスなどは、デルフォイの神託も一種の神憑りのようなものとして説明していました。

神々を善と悪に分けることはインドを経てイランに渡り、宇宙を天と陰府に分ける多くの民族の信仰に反映されていったとされています。人々は悪霊を恐れ、祈りを捧げてこれを宥めようとしました。

他方、一神教においては、万物の創造主たる神への信頼によって悪霊に対する恐れは取り払われました。

聖書にみる悪魔

悪魔も神による霊的被造物であり、それが堕罪(だざい)したものであるという概念は、一神教にのみ見られるものです。

しかし先ほども述べたように、旧約聖書には悪魔や悪魔憑きの記述は見られず、旧約聖書からは悪魔の有様を明確に描き出すことはできません。ただ、その存在を感じさせるものはすでに登場しています。

たとえば、「創世記」第三章に出てくる「蛇」を、聖書の著者がいわゆる「悪魔の如きもの」と考えていたと推測することはできますし、後の時代になると、疑いもなくそのように解釈されていきました（知二・二四、黙一二・九）。この「蛇」は知性を備えており、神の命令に逆らうように人を誘っている点で、まさに悪魔の働きを行っていると言えます。

「レビ記」の「贖いの日」の儀式に出てくるアザゼル（レビ一六・八－一〇）も悪魔のような姿をしていたと考えられています。アザゼルという名前は後に恐れて発音されなくなった悪魔の固有名詞であったとも言われています。聖書外典の『エチオピア語エノク書』では、アザゼルは創世記六・一－四に出てくる堕罪した天使の頭とされています（『第一エノク書』九、一三、五四、六九章および『アブラハムの黙示』一三を参照）。

「サタン」という名前は、特に「ヨブ記」に由来します。そこでは、「天の国」の「神の子ら」の中に(has-) satan と冠詞付きで呼ばれるものが出てきます(ヨブ一・六―二・七)。ヨブ記のサタンの発言は、神に挑戦する誘惑者としてのそれです。ゼカリヤ書三・一―二にもサタンが出てきますが、それは「誹謗者」の姿をとっています(代上二一・一も参照)。

「知恵の書」二・二四に出てくるディアボロス(diabolos)は、すでに新約聖書の悪魔と同じものとなっています。

旧約・新約両聖書の中間期(BC三〇〇~AD一〇〇年)に成立した聖書外典偽典では、悪霊への言及が特に多く、悪霊が人を罪へ誘うこと、堕罪した天使であること、ひとりの頭(悪魔)の支配下にあることなど、聖書で暗示されていたことが明確に述べられています。『死海文書』も、まことの霊も偽りの霊も唯一の神からのものであることを確認しています(一QS三・一五)。

『死海文書』においては、悪魔は「べリヤアル」(beli-ya-al:やくざ者)とか「闇の使い」と呼ばれています(一QS三・二〇―二一他)。この悪魔は、新約聖書の悪魔と同様に、自分の「国」(支配領域)を持っています。

聖書外典偽典やラビ文学には、それ以外にマステマ(『ヨベル書』一〇・八)、サンマエル(『イザヤの昇天』一―二)、アスメダイ等の名称も出てきます。

聖書において、悪魔憑き(悪霊の憑依)という現象は、主に新約聖書、特に福音書に登場し、多くの箇所から十分に悪魔の有様を明確化することができます。

新約聖書は、古代ユダヤ教の悪霊観を受け継いではいるものの、強調点が変化しており、新しい見方が現れています。新約聖書によれば、悪霊はひとりの頭の下にある集団(「国」、ルカ一一・一八)をなしており、その頭である悪魔は仲間と共に神の国を妨害しようとします。

福音書では病気と悪霊による苦しみを区別していますが（マタ八・一六、マコ一・三二）、イエスが治した病気のいくつかは悪霊の憑依、あるいはその働きに帰せられています。

新約聖書に述べられている悪魔憑きは、悪魔による虐待として、悪魔が人間の視力・聴力・発語力、または一般的な肉体の働きを支配し、人間の肉体に引き起こされるさまざまな障害の原因として表現されていますが（マコ五・一参照）、多くの場合、悪魔は人間の罪の原因そのものではなく、罪を犯すよう人間を誘惑したり刺激したりする者であると解釈できます。

新約聖書で最もよく知られる呼び名は、ディアボロス（diabolos）とサタン（satanas）でしょう。他にベルゼブル（マコ三・二二）、ベリアル（二コリ六・一五）、誘惑する者（一テサ三・五）、悪い者（マタ六・一三、一ヨハ五・一八―一九）、敵（ルカ一〇・一九）、この世の神（二コリ四・四）などが挙げられます。

聖書外典文書はどう描いているのか

旧約聖書には記述のない悪魔憑きはなぜ、新約聖書ではさまざまに描かれるようになったのでしょうか。これも答えは定かではありませんが、ユダヤ教徒たちの苦難の歴史との関わりがあるのは間違いないと思います。

現在のイスラエルにあったユダヤ教徒の国は、幾度も他民族に滅ぼされています。アッシリアに支配され、バビロニアに滅ぼされ、ペルシャにもギリシアにも支配され、イエスが生きていた時代はローマ帝国の属州になっていました。ユダヤの人々は国が滅ぼされるたびに蹂躙（じゅうりん）され、離散していました。

そうしたプロセスにおいて、周辺地域の人たちとその宗教とがイスラエルに入ってきました。旧約聖書にはなかったさまざまな宗教感覚が流入していったわけです。イエスが生まれ、そして死んで復活した時代は、宗教的に混沌としていたのだろうと思います。

旧約聖書に書かれている最後の預言書は、紀元前四三〇年頃のマラキ書です。その後にも聖書の諸文書は書かれていったのですが、イエスが生まれたのは紀元一世紀に入る直前ですから、旧約聖書本体と新約聖書との間には約四〇〇年もの長い狭間(はざま)の時期があります。

正確な時期は特定できませんが、悪魔祓いが行われるようになったのは、バビロン捕囚期(紀元前五八六〜五三八年)以後のことだと思われます。異国から来た宗教感覚が少しずつユダヤ教徒に浸透していくプロセスで、やがて悪魔とその働きが信じられるようになっていったものと思われます。すでに古代ユダヤ人が入植した際、カナン人が崇拝していたバールという異教の神がいましたので、イエスが活動していた時代にあっては、多民族からもたらされた霊的な力、すなわち悪霊、悪魔に対抗する必要があるということが、一般的な信心としてあったのではないかと思います。

旧約聖書の詩編九一には、魔除けに用いるのにちょうどよい言葉があります。実は現代のエクソシズムでも詩編九一を読み上げるのですが、それとよく似た言葉が、紀元前一〜二世紀頃の死海のほとりのクムラン遺跡から出土した土器にも記されています。

おそらくこれは旧約聖書にある言葉を記した土器を魔除けとして持ち歩く習慣が、当時あったということを示唆しているのでしょう。

聖書外典文書には「いつかこの世の終わりが来て、そのあとにメシア(救世主)の世界が始まる」

という終末思想のようなものも示されています。これもまた旧約聖書にはほとんど現れず、しかし新約聖書には色濃く現れている信仰の感覚です。

古くから続いてきた信仰の形が、新たに変化していく。そんな端境期（はざかいき）にイエスは生まれ、神の教えを説きました。それは偶然だったのか、必然だったのか。私には分かりませんが、歴史的にはそうした不思議な巡り合わせがあるのです。

悪霊の働きとは人間の自由意志を奪うこと

では、悪魔、悪霊とは具体的にどういう働きをする存在なのでしょうか。

万物の創造主である唯一の神への信仰が確立すると同時に、ユダヤ教の神に反対する周辺の諸民族の神々は悪霊と見なされました。ユダヤ教のラビたちの解釈によれば、悪霊はもともと良い天使であり、神から世界の七〇の民族（創一〇章）を治めるよう託されましたが、神に不従順になり託された民族を迷信へ導いたので悪霊となったとされています。

先ほども述べたように、聖書では人に災いをもたらし、罪に誘惑することで人に害を加える悪い霊的存在のことを広く悪霊と呼んでいます。

神の命令に従って罪人を罰する使い（出一二・二三）や、人に害を加えない幽霊や亡霊は悪霊とは言われていません。

悪魔は仲間である諸悪霊と共に（エフェ六・一二）、この世を神の意志から離れさせようと誘う存在です。ですが、その支配（ヨハ一二・三一）と権威は、もともとは神から与えられたものです（ルカ三・

六）。それゆえ、しばらくの間、彼らは「成り立って行く」（マタ一一・一二）ことができますが、それは、より強い者（キリスト）の到来によって滅ぼされるまでの間に限られているのです。

悪魔は、暴力によって直に人を傷つけて力を示すことよりも、人を欺き、唆すことで理性を狂わせ狡猾にも神の愛と真理から遠ざけ、破滅に向かわせるよう誘惑する者です。

ですから、エクソシズムは、個人が単に悪霊の影響を受けた場合に予防的に行われる儀式というよりも、むしろそれによって自由意志が奪われてしまうような事態に陥ったときにこそ行われるものだと言えます。

通常の状態であれば悪霊の影響を受けていたとしても、司祭から指導を受けたり、祈ってもらったりすることもできますし、自らの意志によって生活を改善することも可能です。しかし、悪霊の働きによって自由意志を奪われ自己の内的制御が不能という状態に貶められる可能性もあることを教会は現在も認めています。

六世紀の神学者マクシモスは、悪魔は愛の掟よりも人を物質的、人間的なものに執着させ、それを重んじるように誘い、高慢心、他人を非難する心、悪意、憎しみ、怒り、敵意、恐怖、絶望を起こさせ、人を神の愛、真理から引き離すと言っています。人を殺すのには刃物も毒物もいらないのです。マクシモスは、キリストが十字架の死に至るまで貫かれた徹底的な愛こそ、悪を滅ぼす神の力であると説いています。

キリスト信者は、キリストと共に悪魔に打ち勝った（一ヨハ二・一三）とされています。それゆえ、悪魔を恐怖する必要はないはずなのですが、洗礼を受けた後も、自らの不信仰・不従順によって悪魔に罪へと誘われないように配慮する必要があるのです。

人間は神の恩恵に自らを委ねて生きるべきだと説いたローマ時代の神学者アウグスティヌスは、「もし悪魔にやりたい放題にさせておけば、今頃、人類は存在していなかっただろう」とも言っています。それに対して彼と同時代の神学者ペラギウスは「悪をも行うことのできる被造物でなければ、自発的に善を行うことはできない。……神は、我々が自分の自由な意志によって創造主の意志を行うことができるよう、悪をも行う能力を授けられた」と説きました。

イエスがこの世に来られたのは、この世のあらゆる悪をなくすためではなく、悪の束縛、すなわちあらゆる罪の奴隷の状態から人間を解放するためであったことを忘れてはなりません。この世がある限り、そこにまた悪の働きの可能性があるのだとも言えます。

七つの罪源

さて、カトリックの教えには、七つの罪源(ざいげん)というものがあります。七つの罪源とは、人を罪に導く感情、行動です。一般には七つの「大罪」という名称のほうが通りがいいでしょうが、カトリック教会では「罪源」という言葉を使っています。なぜなら、これら七つの罪源の基礎にある欲求そのものは悪ではなく、人間が生きていく上で必要なものであり、その制御が利かなくなった時に罪を誘発するものとなるからです。

フランシスコ修道会の創始者アッシジの聖フランシスコは、暴力は悪魔の心を喜ばせると主張し、争いに引き裂かれたアレッツォの町の悪魔祓いをしたことで知られていますが、彼は著作の中でいちばん注意するべき悪徳として、自分自身の内部にあり、他人の内部にもある平和を破壊する心、すなわち傲慢、貪欲、不遜、虚栄、嫉妬、誹謗、そして他者をゆるすことのできない頑なな心を挙げて警告しています。

彼とほぼ同時代のトマス・アクィナスも、その著作の中で、キリスト信者の七つの徳と対比する形で七つの罪を挙げています。これは、四世紀のエジプトの修道士エヴァグリオス・ポンティコスの著作に初めて現れた八つの枢要罪（すうようざい）という概念が起源とされ、厳しさの順に暴食、色欲、強欲、憂鬱、憤怒、怠惰、虚飾、傲慢とされていました。

その後、六世紀後半に教皇グレゴリウス一世の頃によりそれらの要素が整理され、罪源は八つから現在の七つに改められました。その際、順序も現在の順序に整えられ、さらに「虚飾」は「傲慢」に含まれ、「怠惰」と「憂鬱」はひとつの罪源となり「嫉妬」が追加されました。

中世後期には、それぞれの罪源には以下のようにそれを司る悪魔がいるとされました。

一、傲慢　ルシファー
二、嫉妬　レヴィアタン
三、憤怒　サタン
四、怠惰　ベルフェゴールまたはアスタロス
五、強欲　マモン
六、暴食　ベルゼブル
七、色欲　アスモデウス

ただ、この悪魔の分類には確かな根拠はなく、中世紀の迷信に類するものと思われます。カトリック教会にはそのような教えはありません。

右に紹介した悪魔のうち、ベルゼブルとアスモデウスは、かつてイスラエルに住んでいたユダヤ教徒ではない人たちの神です。ユダヤ教徒から見れば、それは敵対する民族の神でした。「奴らが信じているのは悪魔だ」ということで、ベルゼブルやアスモデウスは悪魔とされたのでしょう。その後、長い年月を経て、悪魔の出自は細かく問われなくなり、シンボル化されていったわけです。

ベルゼブルやアスモデウスを神として崇めている人たちは、おそらく現代にはほとんどいないだろうと思います。しかし、だからといって悪魔と呼んでいいのか。そこは疑問です。シンボル化された悪魔と、この世界に実在する悪魔は切り離して捉えるべきでしょう。

悪魔の姿は人には見えない

悪魔のシンボル化ということで言えば、ツノがあり、クチバシがあり、羽が生えていて、尖った尻尾がある——というイメージもまた中世に作られたものです。

ならば、悪魔はどのような姿をしているのか。実はこれも誰にも分かりません。悪魔の姿は天使と同様に人には見えないからです。

聖書には、蛇や竜が悪魔の化身(けしん)のようなものとして現れます。そのためにエクソシズムでは「いにしえの蛇よ」とか「ずるがしこい蛇よ」とか、あるいは「忌まわしい竜よ」などと悪魔に向かって言います。

蛇や竜が悪魔を象徴するようになった理由は、おそらく創世記の記述によるものと思われますが詳細は不明です。しかし、現代でも蛇を怖がる人たちがいるように、その姿は異様といえば異様です。

こう言っては蛇にかわいそうですが、どこか魔物のような雰囲気があるため、古代の人たちにとって、それが悪魔の具体像とリンクしたのではないかと思います。ただ中国などアジアでは蛇は神の化身ともされていますから普遍的なシンボルとしては何ともいえないところがあります。

絵画、あるいは聖書の挿絵におどろおどろしい悪魔の姿が描かれるようになったのは、中世中期だと考えられます。パリのノートルダム大聖堂には、ツノやクチバシ、羽がある悪魔像がありますが、ノートルダム大聖堂が完成したのは一三世紀初頭ですから、その頃にはすでにそうした姿が広く定着していたことが分かります。

本来は人の目には見えない悪魔の姿が絵画化され、彫刻化されたのは、具体的な姿があったほうが信者たちが教会の教えに入りやすかったからだと思います。

イエス像もそれと同じです。彼の顔立ちや体形、あるいは身長はどうだったのかという記述は、聖書にはいっさいありません。彼の外見はまったくの謎です。

しかし、ある時期からイエスの姿が絵画化され、彫刻化されました。古くは正教会のイコン、西方教会のヴェロニカの聖顔布(せいがんふ)というのが世に知られていますが、真偽はともかくとして、具体像があったほうが人は教えに入りやすいし、祈りやすく、また布教もしやすかったでしょう。そのイメージは今は全世界で共有されていますが、イエスにしても悪魔にしても、絵画や彫刻は人間の想像の産物によるところが大きいと思われます。

儀式書における「悪魔」

これまで紹介してきたカトリック教会の悪魔祓いの儀式書には、悪魔、悪霊、そしてエクソシズムについての教会の公式見解がまとめられています。

そこで、ここからは新旧の儀式書を参照しながら、エクソシズムにおける悪魔について見ていきましょう。

新旧のエクソシズムの式文から、悪魔についての記載を抽出すると、次のようになります。

旧版の儀式書における〈悪魔とは〉

旧版の儀式書では、悪魔に対して以下のようなありとあらゆる悪を象徴する名称をもって命令を行います。

信仰の敵／人間の敵／死そのもの／命の盗人（ぬすびと）／正義を堕落させる者／すべての悪と不道徳の源／人を誘惑する者／民の裏切り者／妬みの扇動者／強欲の源／不和を助長する者／痛みと悲しみを生む者／嘘と狡猾さに満ちた誘惑者／美徳の敵／純潔の迫害者／憎むべき生き物／怪物／放蕩者（ほうとうもの）の竜／不浄の霊／地獄の亡霊／サタンの力／忌まわしい人殺しの王／好色の父／冒瀆（ぼうとく）の扇動者／卑劣さの根源／異端の推奨者／すべての猥褻の創始者／忌むべき竜とすべての魔性の軍団／偽り者の父でありその頭／人間の幸福の敵／闇の世界の支配者／力ある邪悪な霊／古の蛇

悪魔は、このように幅広い解釈がなされる象徴として表される、人を真善美から遠ざけるありとあらゆる原因とされており、現実に人を苦しめる存在です。

新版の儀式書における〈悪魔とは〉

旧版の儀式と同様に新版のエクソシズムの式文から、「悪魔とは何か」についての記載を抽出してまとめると以下のようになります。

偽り者の父／古の蛇／人類の安息の敵／サタン／神の法と善い業に反する者／この世の支配者／イエス・キリストの力と聖なる徳に反抗する者／人の世の欺瞞／神の真理と恵みの霊に反する者／地獄の霊／欺瞞の父／汚れた魂／汚れを極めた霊魂／敵意に満ちた者／人類の敵／死をもたらす者／不正の父／諸悪の根源／人間を唆す者／苦しみをかきたてる者／悪意に満ちた大蛇／すべての陰府(よみ)の力／敵に属するすべての地獄の軍団／悪魔が率いるすべての集団／ずるがしこい蛇

こうしてみると、新旧のエクソシズムの儀式書の悪魔についての基本的な理解にはほとんど変わりがないことが分かります。

エクソシストは悪魔に憑かれるのか

旧版の儀式書の総則において、悪魔は人間に憑依して自由意志を奪い、当人の自然本性を超えた能力を発揮させる（第三項）霊的な存在とされています。そして、悪魔は専ら(もっぱ)エクソシストを欺き聖なる役務を阻止しようとする存在としても語られており、役務者はいかなる悪の虚偽に対しても警戒するよう指示されています（第五、六、七、九項参照）。

ところで、エクソシズムを執行するエクソシストが悪魔に憑かれることはあるのでしょうか。

エクソシスト映画には、司祭が悪魔に憑かれてしまうシーンが描かれています。そういうことが実際にあったという話は、私は直に聞いたことがありませんが、十分あり得るとは思います。

カトリックの七つの秘跡のひとつに、叙階の秘跡があります。これは人をしてキリストの代理者として秘跡を行う司祭とするための儀式で、この秘跡に与った人は聖霊の働きによって悪魔から守られるとも言われています。しかし私は、叙階の秘跡によって守られる範囲は有限、つまり正しく信仰を生き、誠実に聖務を行う限りにおいてだと思っています。

司祭も人間ですから、信仰を失う可能性はあります。信仰が揺らぐこともあります。聖職者としての生活を放棄する人、堕落する人、異端に陥ってしまう人も棄教する人もいます。そうした司祭が叙階の秘跡によって永劫（えいごう）に守られるかといえば、それは違うだろうと思うのです。罪は等しく人を神から遠ざけます。司祭も例外ではありません。そもそも叙階の秘跡は司祭となった人に洗礼のような救いの恵みを与えるものではないのです。

その人が司祭たる道を生きようとしているのであれば、もちろん叙階の秘跡の恩恵を実り豊かに享受してキリストの司祭として守られるでしょう。しかし、その人の心が神から離れていけば――たとえば傲慢になり、さまざまな欲得のことばかり考えるようになれば――悪魔はそこにつけ入ってきます。それゆえ場合によっては、悪魔に憑かれることもあるはずです。

こうしたケースとは別に、悪魔祓いの儀式そのものが原因となって、司祭が悪魔に憑かれる可能性もあると思います。

対象者に取り憑いた悪魔が、たとえば「おまえは昔、あの女性に暴力を振るってひどく傷つけたよな」とエクソシストの過去を言い当てたとします。あるいは「おまえはとんでもないことをして誰々をひどく悲しませたよな」と言い当てた上で、「おまえは本当に神父として最低最悪だ、人間のクズだ」などと攻撃されれば、エクソシストといえども心理的ダメージを受けます。それは相当に恐ろしいことでもあるでしょうから、場合によっては信仰が揺らぐかもしれません。そうした隙を突かれれば、エクソシストも悪魔に憑かれてしまう危険があります。

私が執行した悪魔祓いの儀式のアシストをしてくれたM神父は、先述したとおり、知的にも霊的にもそして人間的にも大変に立派な方でした。あれほど謙遜な方であれば、悪魔祓いは十分できたはずです。しかし一方で、彼はあまりに謙遜で信仰深いがゆえに心から悪魔を怖がっていました。もしかするとM神父は、インドの悪魔憑きの事件の際、聞きたくもない事実、思い出したくもない過去を、悪魔に暴露されたのかもしれません。もしもそうだとすれば、あれほど怖がっていたのも納得できます。

悪魔に憑かれやすい人とは

悪魔に憑かれた人は、常識を超えた怪力を発します。たとえばタンスやベッドを投げ飛ばすこともあり得るわけですが、もちろんそうなればエクソシストの身に危険が及びます。しかし、そうした物理的な危険よりも、精神的な危険のほうが大きいのだろうと思います。相手が怪力を発して暴れ回っているときは安全な場所に避難すればいいけれども、強い自責の念を植えつけられてしまったり、心に深手を負わされたりする精神攻撃に対しては、どこかに避難したところで苦しみからは逃れられません。神への信頼をなくした神父をダメにするのは悪魔にとって造作もないことでしょう。

メディアの方から取材を受けると、いつも必ず聞かれる質問があります。

「どういう人が、どんなときに悪魔に憑かれてしまうのでしょうか？」

同じ質問は、信者さんや一般の方からもよく出ます。しかし、この問題もまた「分からない」としか言いようがありません。善良な人だからといって悪魔に憑かれないわけではないし、悪人だからといって憑かれるわけでもありません。少なくとも私が見聞きしてきた範囲では、悪魔に憑かれる人の特徴を「これ」と断定することはできません。

ひとつ言えるのは、「悪魔に憑かれる人は女性が多い」ということです。もちろん正確な統計はありませんが、たとえばイタリアのエクソシズムの事例を調べていくと、対象者の多くが女性であることが分かります。

しかし、理由は不明です。アダムとイブの逸話を例にとって、「女性のほうが悪に対抗する力が弱い」などという説明をしている人もいるようですが、それが本当であるとは到底思えません。単純に教会の中に占める女性の割合が大きいだけかもしれません。あるいは女性の繊細さ、用心深さなど女性ならではの心理が原因で相談するケースが多い、ただそれだけかもしれません。

一九七三年の映画『エクソシスト』では、主人公の少女（原作では少年）が悪魔に憑かれた発端は、ウィジャボードで遊んだことでした。ウィジャボードというのは「こっくりさん」のアメリカ版のようなもので、そうした迷信やオカルトに類するものは悪魔憑きの原因になり得ると、エクソシストたちも指摘しています。神ならぬものに心が傾倒していけば、その人の意識は神からどんどん遠ざかっていく。そこに悪魔がつけ入る隙が生まれる——というわけです。

この指摘は正しいと思います。しかし、ことの本質はオカルトやスピリチュアルなものへの傾倒だけではないでしょう。何であれその人の意識が神から遠ざかっていくことがあれば、悪魔がつけ入る隙は生じるはずです。

たとえば日々の暮らしの中で、欲望や高慢心、あるいは絶望や猜疑心によって不安、不信が極度に大きくなってしまったとき、人の心は揺らぎます。この思いが満たされるなら、あるいはこの苦しみが癒えるのなら何でもする、という心理に傾くことも、ときにはあるでしょう。悪魔はそこにつけ入ってきます。現実的にそれが悪魔でなくとも、人がいわゆる依存症になる原因、プロセスと同じことなのかもしれません。

一方で、悪事をさんざん働いてきた人が悪魔に取り憑かれた、という話はあまり聞いたことがありません。ひどい悪人が悪魔に憑かれ、「ほら見たことか」「あんな奴は徹底的に苦しめばいい」などと周りの人たちが囁いた、という話は意外にも少ないのです。

悪魔の目的のひとつは、人間を神から遠ざけることです。ですから、そもそも神の心から離れた生き方をしている人たちには、悪魔はあえてアクションを起こさないのかもしれません。「こいつはすでに俺たちの仲間だ」というわけです。征服しにくい山を狙いに行くほうが挑戦者にとってはさらなるやりがいがあるというものでしょう。

悪魔に存在意義はあるか

すでに述べたとおり、悪魔もまた神の被造物です。神は彼らでさえも許容しています。そうである以上、悪魔にも何らかの存在意義があると考えるべきでしょう。

ならば、悪魔の役割とは何なのか。ここまで述べてきたことをふまえて、改めて冒頭の問いに戻って考えてみましょう。

悪魔の働きがあるがゆえに、人間はまったき真理であり善である神に向かって回心することができます。回心とは、単に自分が悪かったと反省することではなく、神からの働きかけによって悪性（善が欠けていたこと）に気づき、心を入れ替えて神の望まれる正しい方向、いっそう善いあり方へ自らを転換していくことです。それはいよいよ心を神に開いて委ねていくことであり隣人にも自分にも心を開いていくことでもあるのです。つまり「回心」には、改心、開心という要素も含まれているとも言えます。いずれにしても回心の第一歩は、自分の生活の中で御心（神意）に沿った生活ができていたかどうか、神の御前で自らを省みることです。悪の認識、その悪を糺していく決意と罪からの解放を祈り求めること。これらは信仰生活の中で信者に常に要求されていることです。

ですから逆に、悪と罪の認識を曖昧にさせていけばいくほど、人にとって善や真理、正義の感覚が曖昧になっていくのです。光が強ければ影も濃くなるという具合でしょうか。

あるいは悪魔とは、いわばエラーのような存在なのかもしれません。すでに、悪とは善の欠如した状態だというアウグスティヌス以来の解釈をお示ししました。善である神は人をご自分に似せて創造されました。その尊厳は自由意志に基づいて行動することです。しかしその自由意志には神の目から見てときに悪をなすことも含まれています。もしも、すべての人が一律の行動しかできない存在であれば、まるで機械仕掛けの人形のように、何のエラーも出ない、非常につまらない世界ができあがります。全体主義のように、みんなが同じ一方向を向くようになる。これでは人は真の意味での信頼や愛を生きる存在にはなりませんし、発展も何もない、つまらない。神はそのような世界を望んだわけではなかったのです。

みんなが疑いもなくひとつの方向しか向かない。これは実は危ういことです。確かに、みんなが無秩序に動くよりも一定の方向に向いていれば社会で大きな問題は起きないのでしょうが、たとえばイルカやクジラの群れが砂浜に乗り上げて大量死するのと同じように、小さな選択のミスが集団の破滅を招くこともあり得ます。それを防ぐためのエラーコードとその作用という自由意志のもたらす状態、善の欠如状態をも想定して神は人を創ったのかもしれません。

いずれにしても、この世がある限り、悪があるのは事実です。ですからキリスト信者は、常に何が本当に善なのかを丁寧に識別する必要があります。

神学的洞察がまだ深められていないテーマ

キリスト教の教え、神学は、時代と共に変化、進化を続けてきました。たとえば、「善なる人の霊は天国に行く」という教えがあります。善ではない人の霊がどこに行くのかといえば、もちろん地獄です。しかし、完全な善人などそういるものではありません。圧倒的大多数は、何かしらの問題、罪のかけらを持っています。

そのためカトリック教会は、古来の伝統に従い、常にゆるしの秘跡によって人々の罪からの解放に奉仕してきました。また、信者が大きな病気をしたとき、特に臨終に際して病者の塗油の秘跡を行って弱った身体と心、信仰を強め励まし、同時に罪のゆるしを与えてきました。

ゆるしの秘跡や病者の塗油の秘跡を受けられなかった場合など、大罪とはいえないまでもやはり一定の罪を犯した人のために、清めの場所として「煉獄」という存在が中世に想定されました。それまでは死者の行き先は天国と地獄しかなかったけれども、中世のある時期から多少の罪であれば、「煉獄で清めを受ければ、どんな人の魂も天国に行ける」と教えるようになったのです。煉獄の存在は現在のカトリック教会も否定していません。

これに関して、かつて日本でフランシスコ・ザビエルによる「山口問答」という興味深い出来事がありました。ザビエルが来日したのは一五四九年のことで、当時の神学では「洗礼を受けていない人は天国に行けない」とされていました。

あるとき、周防国、今の山口で宣教をしていたザビエルは、信者たちにこう聞かれます。

「私たちの先祖は救われますか?」

キリスト教が伝来するまで、日本には洗礼を受けた人はいません。ですから信者たちは、自分たちの先祖が地獄にいるのではないかと心配したわけです。

その質問に対して、ザビエルは「救われない」と答えるしかありませんでした。それを聞いた信者たちはみな、ひどく落胆した——というのが山口問答の一幕です。

このエピソードが示しているのは、一六世紀の神学の限界です。「善良な人であれば、たとえ洗礼を受けていなくても救われます」とは、当時の神学では誰も言えませんでした。

ザビエルの死からおよそ四〇〇年後、第二バチカン公会議(一九六二~六五年)において、キリスト教以外のさまざまな宗教にも真理があることが認められました。このときに公布された教会憲章や現代世界憲章には、キリストを信じる機会がないままこの世で人生を終えた人も、その生き方が神の御心にかなうものであったら救われるということが謳われています。

そうした指針が示されるまで、山口問答から実に四〇〇年もの歳月を要したのは、あまりに遅すぎたと思います。しかし同時に、カトリック教会は今後もさまざまなテーマについて神学的洞察を深めていくはずです。いや、深めていかねばなりません。悪魔や悪霊についても、これから洞察が深められていくかもしれません。また、そうするべきでしょう。

いずれにしても、カトリック教会による悪魔の説明は、神学的な理屈の限界を迎えつつあります。諸宗教の視点、全文化的・全人間的な角度からも新たな検討を加えなければ、昔のように「悪魔を警戒しましょう」という呼びかけが徒労に終わりかねない時代が、すでに到来しています。科学全盛の今日、特にアジアやアフリカなどのキリスト教の土壌がない地域では、悪魔の恐ろしさだけではなく、神の救いを説くことさえも困難になりつつあるのです。

現時点でのキリスト教の神学や伝統を守ることも、むろんひとつの道です。しかし、それを絶対視したままでいれば、宣教活動は今後さらに難しくなっていくのではないかと、私は危惧(きぐ)しています。

エクソシズムで祓われた悪魔はどこへ行くのか

今に至るまでカトリックの教義では、悪魔に救いはないとされています。神とは決定的に断絶した道を選んだのが悪魔であり悪霊であると定義されているために、彼らが神に救われることはもはやないのです。

エクソシズムそのものは悪魔・悪霊を追い払うのであって直に滅ぼす・消滅させる手段ではありません。霊的存在を消滅させることができるのは唯一、神のみです。ならば、エクソシズムで祓われた悪魔はどこへ行くのか。実はこれも明確ではありません。

新約聖書の『ルカによる福音書』には、「汚れた霊は、人から出て行くと、砂漠をうろつき、休む場所を探すが、見つからない」（ルカ一一・二四）とあります。ということは、彼らはいつまでもさまようのかもしれません。

同じく『マタイによる福音書』には「悪魔とその手下たちのために用意されている永遠の火に入れ」（マタ二五・四一）というイエスの言葉があります。ということは、人から追い払われた悪魔は地獄に落とされ、永遠に焼かれ続けるのかもしれません。

ヨーロッパの悪魔祓いの例で、ローマ帝国の第五代皇帝ネロの霊が憑いていたという話を何度か聞いたことがあります。ご存じのとおり、ネロはキリスト教徒を迫害しました。ですから彼は地獄にいるはずです。にもかかわらず、悪魔祓いの話において、なぜネロがしょっちゅう登場してくるのか。これはよく分からない話です。

キリスト教の教えには、亡霊という存在はありません。人が悪霊や悪魔に転化するという教えもありません。ですから、私はその話を初めて聞いたとき、「何でネロは地獄から出られたのか？」と首を傾（かし）げました。

「悪魔祓いをしたらユダが憑いていた」という話もよく聞きます。悪魔が憑いた人に、「おまえの名前を言え」と命じたら「イスカリオテのユダだ」と答えた、というわけですが、彼もまた地獄にいるはずです。どうやって地獄から出てきたのか。なぜ人に憑いたのか。これもまたよく分かりません。悪い霊は何度もこの世とあの世を行き来できるものなのか、疑問だらけです。千年王国説という考え方によるものなのかもしれませんが、それも定かではありません。

また、ヨーロッパでは、「複数の悪霊が憑いていた」という話もしばしば語られます。ある人には六つの悪霊が憑いていて、三つまでは追い出せたけれども、残りの三つは追い出せなかった——などといった嘘か本当か分からないような話もあります。

こうした噂話のように聞こえてくる悪魔祓いのエピソードの多くについて、私が「怪しいな」と思うのは、バリエーションが少なすぎることです。儀式で退散する悪魔は、ほぼ毎回ベルゼブルやアスモデウス、いわゆる有名な連中ばかりです。

「ベルゼブルはこの前どこかで追い払われましたよね。それなのに今回また現れたんですか?」

誰もがそう思うのではないでしょうか。そこは矛盾といいますか、理屈が合いません。

そうした怪しげな話が流布するのは、悪魔には都合がいいことなのかもしれません。

「結局、エクソシズムなんてインチキだよね」

「日常的に悪魔を警戒しろとエクソシストは言うけれど、中世じゃあるまいし、馬鹿馬鹿しいよね」

などと考える人が増えれば増えるほど、悪魔は活動しやすくなるからです。

「地獄はある。しかし、そこには誰もいないかもしれない」

他方、キリスト教の世界ではこんなことが昔からよく言われています。

「地獄はある。しかし、そこには誰もいないかもしれない」

なぜ誰もいないのかというと、イエスはありとあらゆる人間の罪をゆるすために十字架に上げられたからです。罪を犯した人たちが永遠の地獄に行くことをイエスは望んでいない、したがって地獄には誰もいないだろう、というわけです。

こうした考え方を最初に示したのは、二〜三世紀の神学者オリゲネスです。オリゲネスが残した神学的遺産はきわめて貴重なものですが、しかし彼は六世紀になってから——つまり亡くなってからおよそ三〇〇年後に——教会から異端宣告されます。「地獄の存在を曖昧にして、善悪の裁きを曖昧にした」というのがその理由です。

親鸞の「善人なおもって往生を遂ぐ、いわんや悪人をや」という『歎異抄』の言葉は有名ですが、キリスト教において、罪を犯した人でさえ救われるという考え方は、ともすれば「何でもあり」(これを万民救済・アポカタスタシス思想と言います)という無秩序な方向に人々を傾かせる恐れがあり、だからこそ中世の教会はオリゲネスを断罪したのでしょう。しかし二一世紀の神学では、彼の神学的洞察はしばしば肯定的に引用されることが多いのです。たとえば前教皇ベネディクト一六世は一般謁見演説(九三回)において、オリゲネスを「キリスト教思想の発展にとって決定的な意味をもつ人物のひとり」「真の教師」と評しました。

イエスは罪びとが永遠の地獄に行くことを望んでいないのです。そのための十字架だからです。罪びとのほうが悔い改めなかった、つまり神の思いを振り払ってでも地獄に行ってしまったということなのでしょう。けれども、最終的には大罪人はおろか悪魔でさえも救われてほしいというのが創造主である神の慈愛ではないのかなと思うことがあります。子どもが大罪人とされた親の真の願いは、子どもの永遠の罰による嘆き苦しみではなく、やはり回心、救いなのではないかと思うのです。

悪魔も悪霊も、初めは善なる天使として創られたわけです。彼らは自らの自由意志によって神に背いたのですが、本来は善なる存在だったのですから、立ち返る道があってもいいはずではないかと私は考えるのです。最後の最後まで何をどうやっても彼らは救済されない、そういう地獄と呼べる状態を自ら選んだということ、それ自体が悪魔という存在となったということなのでしょうか。

この問題についてあまり極論を言うと私自身が異端者として断罪されてしまいますので、これくらいにしておきたいのですが、神学的な見直し、より深い理解が見直されてもいいのではないかと私は考えています。

悪魔に投げかけた慈しみの言葉

第一章でお話ししたC教区でのエクソシズムについて、実はまだ言っていないことがあります。対象者の男性に悪魔だと名乗る別人格が現れ、「このままでいるのが本当に苦しい」と繰り返し訴える中、私はまず彼に、「だったらもう、これ以上苦しむ必要はない」と、日本語で語りかけました。

しかしその時点では、彼は病気なのか、悪魔憑きなのか、まだ判然としていませんでした。つまり、苦しみを訴えているのは彼でもあり悪魔でもある可能性がありました。

ですから、私は祈りの定式文から外れて、「もうこれ以上苦しむ必要はない。あなたは悪から離れて清くなれ、回心して天の国へ行け、私はあなたを救いたい」と語りかけました。そもそも式文にない言葉を言ってはいけないという禁則を私は犯していたのです。

このとき、アシストをしてくれていたP神父から「それは違うのではないか」という異論が出ました。「悪魔は救われない、地獄に去らせなければいけない」と、彼は言ったのです。

カトリックの教義に照らして考えれば、正しいのはP神父です。ここまで繰り返し述べたように、悪魔にも救いの道があるという考え方は、キリスト教には存在しません。

一方、日本の伝統的な宗教観、特に仏教、神道の世界においては、人に害悪をもたらす霊の浄化、怨念を持った魂の成仏といった概念があることはよく知られています。これは日本における一般的な仏教的宗教観念であることは確かで、おそらくヨーロッパ的なキリスト教の神学、悪魔論とは一線を画す考え方です。

とはいえ、悪い働きをする諸霊が祈りによって浄化されていくという概念に対しては、あらゆる被造物の救いを望む神の意思という観点からすれば、つまり善悪二元論に帰着させないキリスト教としては、一定の理解を示すべきではないでしょうか。神の愛はいかなる世の罪悪よりも偉大なのですから。

第二部

エクソシストの召命

第六章

召命

曽祖父の讃美歌

「召命（しょうめい）」という言葉をご存じでしょうか。神の計画によって神から呼ばれ、使命を与えられることを言い、具体的には洗礼を受けたり、修道者の道を選んだり、私のように司祭になったりすることを指します。

私が育ったのは、いわゆる日本の伝統的な文化、仏教・神道を重んじる家でした。そんな私がどうやってキリスト教と出合い、神父になったのか。私は大学と大学院で化学を学び、エンジニアとして一般企業で働いた後、聖職の道に入りました。洗礼を受けたのは大学生のときです。

ここまで繰り返し、悪魔を信じないということは、神を信じないということにもつながると申し上げてきました。逆に言えば、神を信じているからこそ、悪魔の存在も私は信じることができるわけです。

そこで、ここからは私がいかにして神を信じるようになったのか、そして、神と共に生きる生活とはいかなるものかをお話ししてみたいと思います。

先ほども触れたように、私が生まれ育ったのは仏壇があって、神棚があって、盆暮れをはじめとする四季の日本の伝統行事を大切にする家でした。

ただし、家にはなぜか、古い聖書や讃美歌の歌集が何冊もありました。「これは何だろう?」とあるとき不思議に思って聞いてみると、

「ひいひい爺さんと、ひい爺さんが教会に通っていたんだよ」と教えられました。

母方の高祖父は明治から大正にかけて、群馬県高崎市で手広く商売をしていました。その頃、住まいの近くに教会があったようです。おそらくそこでキリスト教の教えに接したのでしょうが、何しろ大昔の話ですから、詳細は分かりません。

信仰は、高祖父から曽祖父に受け継がれました。曽祖父の娘、つまり私の祖母は洗礼は受けていませんが、プロテスタントの教会に通っていたことがありました。祖母は岡山県で暮らしていた時期にノートルダム清心女子大学に特待生として招かれています。

どうしてそんなことになったのか。これも今となっては確認する手立てはありませんが、ともかくそうした信仰の経歴があったためでしょう。祖母はよく讃美歌を歌っていました。私はいわゆるお婆ちゃん子でしたから、讃美歌を聞きながら育ちました。遠い記憶をたどってみると、子守歌もまた讃美歌だったような気がします。

とはいえ、子ども時代のキリスト教との関わりはそれだけです。祖母だけではなく、祖父も私の両親も信者ではありませんでしたから、当時はキリストの教えはほとんど知りませんでした。むろん幼児洗礼は受けていません。

絵画・音楽・仏教

子どもの頃の私は、ごく普通の少年だったと思います。流行りの漫画やアニメに熱中し、テレビゲームに夢中になり、学校帰りには友達と公園で遊び、野原では虫を捕まえ川では魚を釣って遊んでいました。おそらく昭和五〇年代には、私のような子どもは無数にいたはずです。

人と違った点があったとすれば、ひとつは絵画を幼少期から習っていたことでしょう。私に絵画を教えてくれた大木画伯は絵を描くことのみならず、農作物や家畜を育てることやその実りを味わう楽しさも教えてくれました。情操教育といえばそうなのですが、私はこの教室のおかげで美的感覚だけでなく人間として実に多くのことを学びました。その経験がなければ今の私はもっと狭量な人間になっていたと思います。

もうひとつの私の幼少期の大きな特徴は音楽、特にフルートを習ったことが挙げられます。それまで私はピアノを習っていたのですが、あるフルートの演奏会を境にフルートに打ち込むようになりました。その日に聞いたフルートの演奏は、それほど感動的だったのです。

また、私は子どもの頃、少しだけ仏典の勉強をしたことがありました。家の菩提寺の住職一家には私の先輩兄弟がいた縁で住職から仏教について教えを受けたのです。写経をしていた時期もあります。この住職は東京大学の哲学科を出ていて、当時は仏教系大学で教授をされていました。そのため、仏教とは何か、密教とは何か、仏典とは何かなど、分かりやすく教えてくれました。

お寺に通ったのは、たまたまご縁があったからというだけでなく、当時の私にはどこか霊験あらたかな存在、神聖な存在に関心があったからだと思います。

「これからは科学の時代だ」

そもそも私の生まれは群馬県高崎市ですが、育ったのは埼玉県本庄(ほんじょう)市です。小学校と中学校は地元の公立校に通い、高校は早稲田大学の附属の高等学院に進みました。一九九二年のことです。

当時、高等学院では年に一回ほど吉村作治(さくじ)先生の講演がありました。ご存じのとおり、吉村先生はエジプト考古学の第一人者ですが、その頃は早稲田大学の助教授をされていました。出土品の倉庫が高校の構内にあったために、出土品のチェックや整理のために来訪したついでに、早稲田の附属高である高等学院に立ち寄り、講演をしてくれたわけです。

そんな話を聞くうちに、私は「自分も将来は考古学者になりたい」と考えるようになりました。

高校受験のときにも相談に乗ってもらった叔父に、「将来はエジプトで発掘調査をやりたいので、大学では考古学を学ぼうと思っています」という話をしたのです。それに対して叔父が言ったのは、「それもいいかもしれないが……これからは科学の時代だよ」ということでした。

叔父の言う科学は、特に化学の分野、中でも医薬品や遺伝子工学、バイオテクノロジーでした。その道に進めば、人のためになる。社会のためになる。決して押しつけがましい言い方ではなかったのですが、そのように意見してくれたのです。

叔父は千葉大学工学部で長年教授を務めた化学者でした。そういう人が、「これからは科学、化学の時代だよ」と言ったのですから、言葉の重さは相当なものです。

そんなわけで、私は早稲田の高等学院から大学の理工学部に進みました。大学に入学してすぐ、早稲田大学交響楽団に入りました。将来は化学者になる。フルートは趣味として続ける。そういう道を選んだのですが、不思議にもそのために私はキリスト教と出合うことになります。そして化学ではなく音楽との付き合いのほうが、その後の人生で長続きすることになるのです。

教会堂の本当の姿

大学一年生だったある日のことでした。その日、私はオーケストラの演奏会のためにフルートの練習をしていました。練習をしていた部屋は、当時、西早稲田キャンパスにあった学生会館の八階で、練習をしながらふと目を向けると、神田川の向こうの高台に、銀色に光る建物が見えました。

「あれは何ですか」

周りの先輩たちに聞いてみたのですが、その建物が何なのか、誰も知りません。それから何日かして散歩のついでにそのあたりに行ってみると、「東京カテドラル聖マリア大聖堂」という看板が入り口にあって、「あっ!」と私は驚きました。

「昔、お婆ちゃんに聞いた建物はこれだったのか」と、そう思ったのです。

実は私の祖母は建築士でした。学校を出たあとはしばらく教員をしていたのですが、その後どういうわけか建築士を目指し、二〇代の終わり頃、あるいは三〇代前半頃に、当時としては珍しく女性建築士となったのです。

祖母は、幼少期の私にあれこれ建物の話をしてくれました。そうした話には、有名建築家の名前も多数出てきました。そのうちのひとりが、丹下健三氏です。

「丹下さんの建築はデザインとしては実に奇抜だ」「彼が設計した東京カテドラルも代々木競技場も、完成してすぐに見学に行った」そんな話を祖母はよくしていたのです。

私は建築についてはまったくの門外漢ですが、大聖堂を初めて見たときに、「面白いデザインだな」と思いました。「ちょっと他に見たことがない」という点では、代々木の体育館と同じです。

大聖堂の中に入ってみると、荘厳な雰囲気に思わず背筋が伸びました。

「これはすごい。また探検に来てみよう」そう思いました。

二週間ほどして、散歩がてらまた出かけていくと、今度は入り口の売店のシスターに声をかけられました。物珍しそうにしていたせいでしょう。「教会は初めてですか」と聞かれたのです。

それからしばらく世間話をしたのですが、私が「すばらしい建物ですね」と言うと、シスターはこう応えました。

「もちろんこの大聖堂はすばらしい建物ですが、教会は祭儀をする場所ですから、祭儀をしているところに来ないと、本当の良さは分かりませんよ。次は日曜日にいらしたらいい」

次の日曜日、私は面白半分でまた出かけてみました。すると、どこか懐かしさを覚える聖歌が聞こえてきました。カトリックでは讃美歌ではなく聖歌といいますが、ともかく祖母のことを思い出して、懐かしい気持ちになりました。

改めて建物内部を見まわしてみると、確かにシスターが言ったとおりです。そこには信者さんたちが集まっていて、聖歌を歌い、オルガンの音色があって、誰もいない教会堂よりもずっと荘厳な雰囲気が感じられました。そのとき、私は教会というのは建物だけがすばらしいのではないのだと感じたのです。

宗教全般に対する不信感

私が大学に入学した一九九五年は、地下鉄サリン事件があった年です。あの事件が起きた三月二〇日は入学手続きの日で、高田馬場駅から東西線に乗ろうとしたら電車が止まっていて、ほどなく神経ガスによるテロが起きたことが分かりました。

四月になって入学すると、「早稲田には宗教団体系のサークルが結構ある」という話を先輩たちから聞かされました。「あそこは××教だから気をつけろ」とか、「ここは間違いなく××会だからヤバイ」などと言われたわけです。

その三年前、つまり一九九二年には、旧統一教会の合同結婚式がメディアで問題視され、否定的な報道が繰り返されました。その後さらに旧統一教会による霊感商法や洗脳の問題なども取り沙汰されていて、そこに加えて地下鉄サリン事件が起きたわけですから、当時の私は宗教全般に対してあまり良くないイメージを持っていました。

それはキリスト教についても同じでした。宗教はどこか胡散臭い。神父や牧師はさもありがたそうな説教をするけども、それは単なるきれいごとだ。この世で人間が本当に良い人生を送り、社会を良くするためにはどうすべきか、という根本的な問題とは程遠い、上っ面だけの話だ。そう思っていたのです。それに教会に来るクリスチャンという人々に対しても偏見といいますか、閉ざされた世界で熱心に信心業や慈善活動を行って自己満足しているような閉鎖的で独善的なイメージがありました。

「あなた方の信仰は、五〇〇円か？」

初めて日曜日に東京カテドラルに行ったときのミサは思いのほか好印象で、聖歌も心地よく耳に届きました。思えばベートーヴェンもモーツァルトも、荘厳ミサ（すべての式文を歌唱形式で捧げるミサ）のための荘厳ミサ曲を作っています。「ミサ曲というのは、こういう雰囲気をイメージして作られたのかもしれない」などと想像もしました。

大聖堂にある教会共同体は、関口教会といいます。その関口教会で主任司祭を務めていたX神父も、本当に親しみやすい人でした。

これは後に知ったことですが、X神父は上智大学を出たあと、外資系の製薬会社に何年か勤めています。そうした経歴があるためか、彼は地に足がしっかりついている現実主義者でした。哲学的な話、観念的な話、いかにも教会にありそうな「いい話」をする聖職者ではなく、「神を信じるとは、こういうことだ」「聖書のことば、教会の信仰は我々にこのように生きろといっている」という具合に生活とシンクロする話を、折に触れ分かりやすく、はっきりと語ってくれたのです。

あるときのミサの中で、X神父は信者たちに、「あなた方の信仰は、ミサ一回五〇〇円程度の信仰ですか？」と問いかけたことがありました。

関口教会はホテル椿山荘（ちんざんそう）東京の向かいにありますから、ミサが終わったあとに椿山荘でランチをとる奥様方が当時は結構いたのでしょう。信者さんたちの多くが毎月教会に献金しているのは平均的には二〇〇〇円前後で、たとえば月に二〇〇〇円を献金して四回のミサに与るとしたら、単純に割り算すれば一回のミサは五〇〇円という計算になります。

「教会への献金は、それぞれができる範囲でかまわない。しかし、たとえば月に一〇〇〇円や二〇〇〇円しか出さないのに、ミサの帰りにおひとりさま三〇〇〇円、四〇〇〇円のランチを楽しむというのであれば、あなた方の信仰は、一回のランチ以下、五〇〇円程度のものなのではないか」

おおむねそんな話を、X神父はしたのです。そのようなことをミサ中に話すのは、もちろん異例です。実際、教会での活動には一定のお金は必要なのですが、当時その話はかなりの反感を買ったそうです。しかし今考えても私にはその話は至極真っ当だと感じられるのです。

「この人は本物だ」

私が時折、関口教会に顔を出すようになった頃、キリスト教の入門講座に通ってみたらどうかと勧められました。声をかけてくれたシスターからは、「ぜひ、いらっしゃい」と言われたのですが、そのときは遠慮していました。「さすがにそれはやめておいたほうがいいかな」と、何となく思ったのです。いわゆる宗教勧誘と同じだと思ったのです。

しかし、何か月か教会に通ってミサに参加しているうちに、カトリックの信仰や聖書について少しずつ知りたくなってきて、「入門講座に行ったらどんな話が聞けるのかな」という興味が出てきました。それで参加してみたのが、シスターNの講座です。

結論から言えば、シスターNの講座はすばらしい学びの場でした。彼女の話はどれも考えに考えた末に組み上げられていて、単に知識としての聖書や教会の教えを伝えるだけではなく、「神とは何者か」「私たちにとってイエスとは誰か」ということをとても分かりやすく丁寧に教えてくれました。たとえば聖書にあるエピソードをひもといて「真の隣人愛とは何か」「信じるとはどういうことか」「悔い改めや神のゆるしとは何か」という基本的な信仰のテーマについて話してくれたのです。それは、「聖書のメッセージを日々の暮らしに落とし込むとどういうことになるのか」という具体的な話でもあり、現実生活の問題として参加者が一緒に考え、それぞれの意見を分かち合ったりするといった内容でした。初めて講座に参加したその日、「この人は本物だ」と驚いたのを覚えています。

これはあとで知ったことですが、実はシスターNは、日本のシスターなら誰もが知っているような有名人でした。指導者としてきわめて優秀だったからこそ、彼女の名前は日本中に行きわたっていたのでしょう。

講座に参加していたのは、平均一五人から二〇人ほどでした。みな真剣に、「人生とは何か」「本当に良く生きるとはどういうことか」「神様は自分に何を望んでいるのか」という素朴な疑問を持っていました。そうした疑問に対して、シスターNは各自が答えを見つけられるよう教えてくれました。

とはいえ、そこで私はいきなり信仰に目覚めたわけではありません。「洗礼を受けてみませんか」という話も、その後もまったく出ませんでした。しかし、X神父の説教やシスターNの講義を聞くたびに、「もっときちんと勉強してみたい」という気持ちが少しずつ固まっていったのは確かです。それと同時に、カトリックの神父やシスター、信徒にもいろいろな人がいて、中には信仰を誠実に生きている人、惜しげもなく人のために尽くしている人、本当に人間としてすばらしい生き方をしている人もいるのだと次第に気づかされました。

洗礼を受けたらお墓はどうなるのか？

洗礼を受けて生き方を改めよう、そう考え始めたのは一九九六年の秋のことでした。

初めて教会に足を踏み入れてから、気がつけば一年近くが過ぎていました。キリスト教について学ぶうちに、自分を見つめる機会が多くなり、調子良くやってきた自分の人間的な未熟さや弱さにも気づかされ、次第に自分の考え方、生き方を変えていきたいと思うようになっていきました。そしてキリスト教を自分の生きる道とする考えがまとまっていきました。

洗礼を受けるにあたっては、もちろん事前に親に相談しました。

「もう二〇歳なのだから、自分のことは自分で決めていい」

家族はみなそう言ってくれましたが、おそらく内心は違ったと思います。統一教会やオウム真理教のせいで、当時の社会には宗教全体に対する不信感がありました。ですから、私が宗教の道に入ることについて、少なからず家族は心配していたはずです。

それとは別に、お墓の問題もありました。「近いうちに洗礼を受けるつもりだ」と祖父母に知らせたとき、「お墓はどうなるのか？」と聞かれましたし、私自身も「これで実家の墓とは縁が切れてしまうのだろうか」という疑問を感じていました。

実は現代のカトリック教会は、昔と比べるとお墓に関してはかなり寛大で、市営墓地でも、家族の眠る他の宗教の墓地でも、当人が希望しており、お寺などの墓苑の管理者、そして墓の祭祀承継者が許せばそこに入ることが認められるようになっています。もちろん墓苑の管理者であるそれぞれの宗教団体の流儀に従う必要はありません。とはいえ、当時の私はそのことは知らず、お墓の問題も含めて家族は私の洗礼を納得していないだろうと思っていました。

洗礼を受けたのは、翌年の聖土曜日の晩の復活徹夜祭です。

洗礼は基本的にいつ受けてもいいのですが、成人の洗礼式は、復活徹夜祭といって、キリストが死んで復活したイースターの前晩、聖土曜日の夕方から始まる長い夜の祭儀の中で授けられるのが古くからの教会の伝統でした。この日のことは今でも覚えています。

洗礼式の翌日、復活祭のパーティーに家族を呼んで、教会の人たちを紹介しました。X神父、入門講座をしてくれたシスターN、洗礼式で代父ゴッドファーザーになってくださったA先生、さらには特に私に親身に接してくれた早稲田の大先輩の信者さんたちを紹介したわけです。みなさんが立派な人であり、きちんとした人であることは、少し話をすれば誰にでも分かります。ですから、私の親は安心してくれたと思います。少なくとも私の目にはそう見えました。

出会いというのは不思議なもので、こういう人たちがどこの教会にもいるのかといえば、答えは明らかに「ノー」でした。X神父のような〝直球〟の説教をする人、シスターNのような考えに考え抜かれた講座をしているような人と出会ったのは、関口教会が最初であり最後でした。

ですから、初めて訪ねた教会が、あの当時の関口教会だったことは、幸運だったのかもしれません。「かもしれません」と言ったのは、私の家族にとって、それは必ずしも幸運だとは限らないことだからです。

もしもキリスト教に出合っていなかったら、私は今もサラリーマンとして平凡な暮らしをしていたはずです。大した成功はしていなかっただろうし、そんなに出世もできなかったでしょうが、ともかく毎月そこそこの給料があって、そこそこな生活ができて、世間並みに家庭を築いて平穏に暮らしていたのではないかと想像します。私の親も、私がそういう人生を送ることを望んでいたのではないか。これは長く気になっていたことです。

カトリック信者の五つの掟

「洗礼を受けたあと、何がどう変わるのですか」

そんな質問を受けることがときにあります。

基本的にすべてのカトリック信者は、日々の祈り、聖書や教会の教えの理解を深め人々に伝えること、隣人愛の実践、教会共同体との交わりを大切にすることなどが求められていますが、教会には昔から信者として守るべき五つの掟というものがあります。
一、日曜日と守るべき祝日にミサ聖祭に与り労働を休むこと
二、少なくとも年に一度、ゆるしの秘跡に与り大罪を告白すること
三、少なくとも年に一度、復活祭の頃に聖体を受けること
四、定められた日に償いの務めを果たすこと
五、各々の分に応じて教会が必要とする援助（献金の負担など）をすること
何やら難しそうに思えるかもしれませんが、要するに日曜日にミサに行き、年に一度は自分の罪を司祭の前で告白し、決められた日に断食し、収入に見合った献金をする、というだけのことです。実は、これらの掟は、古くからキリストの教えを実践するための教会の決まりの最低限のもので、かつ

てキリシタンたちも守っていたことが歴史的な遺物からも確認されています。

日曜日ごとにミサに行くというのは、学生や社会人には少し負担かもしれませんが、キリスト信者のアイデンティティのようなもので、日曜日の過ごし方が多少変わることを受け入れないわけにはいきません。

多少生活も変わりますが、それ以上に気持ちが変わります。そうした外面的、内面的な変化にしても、受洗者の生活は新しく喜ばしいものであるのは紛れもない事実ですが、それをどう表現すればいいのかと考えてみると、なかなか難しいところがあります。

「あなたはなぜ、洗礼を受けたのですか」

そう聞かれることもよくあります。これもひとことで答えるのは難しいのですが、そもそも私には幼い頃から、「何をどう生きていくことが良いのか」という素朴な疑問がありました。そして私が少年期から青年期にかけて生きた時代は、世の中は経済的に豊かになっていった反面、離婚や自殺、暴力などによって人生や家庭が崩壊してしまった人の問題が増加の一途をたどっていました。高度経済成長後の日本がたどってきた利益至上主義、科学技術至上主義を背景にした競争を軸とした社会は、実のところ人間が本当に豊かになれたとは言えないのではないか。では人間にとっていったい何が本当に幸せと言えるのだろうか。何が人として最も大切にしなければならないことなのだろうか。それらが私の学生時代に頭の中にあった疑問でした。そんな問いは、自分にとって人生の柱となるものが欲しいという心の願いとなっていきました。

もちろん、そうした問いについての答えは、たとえば哲学にもあったかもしれません。しかし、そのとき私が出合ったのはキリスト教、カトリックの信仰だったのです。

ゴッドファーザーの言葉

正直に言えば、そのときの流れ、勢いというものもありました。「どうしよう?」と迷いながらも、「とにかく足を一歩前に進めるしかない」と腹を括ったわけです。「親はどう思うか」とか、「信者になったあとにどんなデメリットがあるのだろうか」などと細かく考えていれば、おそらく足がすくんで、洗礼を受けるという決断はできなかっただろうと思います。

私は洗礼式の日、式の直前にゴッドファーザーを務めてくれたA先生にひとつ質問をしました。

「私はもちろん神様を信じていますし、神様が世界を救ってくれると信じています。でも、なぜこの世にいつまでも悪が蔓延(はびこ)るのか、そこは疑問なんです」

子どもの頃から親しんでいた仏教では、因果応報という教えがあります。悪人は相応の報いがあるというけれど、現実は違っていました。聖書の中でも善人が苦悩することもあれば、悪人が相応の報いを受けずに好き放題でいるということもあります。これはいったいどういうことなのか。イエスは人類の罪のゆるしのために十字架に上げられた、しかし人間の苦悩は相変わらず減るどころか増える一方ではないか。そうした疑問が、洗礼式の日になってもまだ解けていなかったのです。

そのときA先生が言ったのは、「いつか分かるときが来るでしょう」ということでした。

「やはり悪にも意味があるのでしょう。悪の存在理由は簡単には分からないでしょうけれども、何か意味がある。おいおい分かると思いますよ」

A先生が穏やかな口調で言っていたのが、つい昨日のことのようにも思えます。

大企業とホームレス

その後、私は早稲田の大学院で応用化学、有機合成化学の研究をして、就職氷河期真っ只中に三菱化学に就職しました。最初の赴任地は福岡県北九州市の黒崎にある現場のプラントに隣接した研究所でした。赴任してまず考えたのは、「自分が通える教会はどこにあるのだろうか」ということです。カトリックの信者は、自分が生活する場所を管轄する教区の教会に属する決まりがあるので、遠方に引っ越す場合、日本では、転出入の手続きを行うことになっています。

工業地帯として知られてきた北九州は、古い時代からキリスト教が盛んな地域です。迫害を逃れ、長崎から流れてきたキリシタンたちの集落もあります。そういう土地柄ですから、教会はそう遠くないところにあるだろうとは思っていたのですが、驚くべきことに、社員寮から歩いても行ける距離、会社からもそう遠くはないところに教会がありました。

黒崎の教会では、神父さんをはじめ共同体のみなさんに大変、歓迎していただきました。「よく来た、よく来た」とみんな温かく受け入れてくれて、「やっぱり九州の教会には信仰の篤(あつ)い人がいるな」と、私も嬉しくなりました。今思えば、誰よりも歓迎してくれたのは、フランス人宣教師B神父だったかもしれません。

黒崎は労働者の町です。そのために教会には以前から若い労働者が多く集まっていて、昔からパリミッション会の神父たちが彼らに精神的な居場所を与え、指導していました。

この「会」というのは「使徒的生活の会」と呼ばれる教会公認の団体のことです。神父の中には私のように教区に属する在俗の聖職者もいれば、在俗の聖職者でもパリミッション会のように宣教を旨とする会に属する者もいます。また、その他に修道会と呼ばれる組織もあります。「イエズス会」や「フランシスコ会」が有名ですが、こちらは在俗ではなく、従順、清貧、貞潔の誓いを立てて共同生活（修道生活）を送る信者の団体です。

当時の黒崎教会の主任司祭だったフランス人宣教師B神父は、いつもパイプをふかしながら私たちを待っていました。日曜日はもちろん、平日の仕事帰りの夕方に寄っても、三交代の現場研修帰りの早朝に寄っても、大概、B神父はいらっしゃって、お元気ですかなどと気さくに声をかけ、いつも笑顔で迎えてくれました。

社会人になってからほどなく、私は教会を通じてＮＰＯ法人北九州ホームレス支援機構が主催するホームレスの人たちを支援する活動に加わりました。活動は毎週金曜日で、仕事が終わったあと、私の場合はまずは黒崎教会に集合し、それから周辺の教会の人たちや、プロテスタントの牧師や信者たちも一緒になって、小倉から八幡、戸畑と支援物資を持って回っていくのです。

ホームレスの人たちには、身寄りのいない人や病気を抱える人が大勢いました。犯罪に手を染めてしまって、刑務所から帰ってきた人もいました。彼らと話をする中で、世の中はなかなか複雑なのだと、私はようやく悟ります。三菱化学や新日鐵という大企業があって、かたやホームレスの人たちがいて、その中間地点に教会がある。それが当時の私の生活でした。人生についておのずと深く考えさせられるような環境だったわけです。

五島列島の教会

当時の信仰生活には、今も忘れられない出来事がいくつかあります。そのひとつが、五島列島を訪ねたことでした。あるとき五島出身の黒崎教会の信者さんに「五島は一度見ておいたほうがいいよ」と勧められ、特に気負うところもなく長崎巡礼も兼ねて出かけていったのですが、まるで予想もしていなかった光景をさまざま目にしたのです。

たとえば現地に着いた日の夕方、カトリックの信者が経営する宿泊先の民宿でのんびりしていたら、やおら近くの教会の鐘がカーンカーンと鳴り出しました。「何だろうな」と思って行ってみると、大人や子どもたち、シスターたちが続々と集まってきました。「何が始まるんですか」と聞いてみると、「晩の祈りです」という答えです。

最初はロザリオの祈りでした。ロザリオの祈りはカトリックの伝統的な祈りですが、実は東京の教会で信者になって日の浅い私にはあまり馴染みがありませんでした。そういう祈りをみんなで熱心にしていたのは昔のことだと思っていたのです。それに、あまり信心業に熱心過ぎたり伝統主義的であったりする姿勢は、私が洗礼を受ける際に教わった考え方とは別もので、時代錯誤で閉鎖的な教会の態度の象徴なのではないかといったイメージがあったのです。

晩の祈りはロザリオの祈りから始まって、その後も延々と伝統的な祈りが続いていきました。しかも、祈りの先読みをしていたのは小学生の女の子でした。私がそれまでに見たことがなかった光景がそこにあったわけで、驚くと同時に不思議な感覚に襲われました。

晩の祈りがすべて終わったあとに、「明日の朝ミサは何時からですか」と聞くと、「六時からです。朝の祈りは五時四〇分から始まります」と言われました。

これもまたまったく意外な話です。そんなに早い時間から祈りを始めて人が集まるのかな――と思いましたが、翌朝、まだ暗い道を教会に向かって進んでいくと、暗闇の中にステンドグラスの光が見えてきました。

「これがキリシタンの精神か」

あたりがまだ暗いうちに私が教会に着いたとき、教会にはすでに人がたくさん集まっていて、大人だけではなく子どもたちもいました。子どもたちは、ミサの準備の手伝いをしています。

言い忘れていましたが、これは平日の朝のことです。「いや待てよ。今日は日曜か祝日だったか」などと考えましたが、やはりそんなことはありません。

そのとき聞いた話では、五島では子どもたちは朝ミサのあと教会でお弁当を食べ、その足で学校に行くということでした。学校から帰ったら、また教会に来て勉強をして、晩の祈りに参加して家路につくというのです。「教会は子どもたちに勉強を教えてあげる場所でもあるんですよ」と言われたときは、驚きや感動を通り越して、圧倒されました。

「これがキリシタンの伝統、精神なのか」、そう思ったのです。

周知のとおり、江戸幕府による禁教令が発布されたあと、五島列島には数多くのキリシタンが移り住みました。それから約二五〇年間、彼らは密かに信仰を守り続けました。その名残(なごり)は今も色濃くあって、多くの人たちは誰に強いられることもなく朝夕に教会に集い、熱心に祈りを捧げているのです。

東京には、キリスト教についてさまざまな視点から教え導く経験豊富な神父やシスターがたくさんいました。そうした人たちとの現実的で知的な対話の中から、私は洗礼を受けると決めました。一方で、五島列島で触れた信仰のあり方には、理屈では語れない何かを感じさせられました。それは一概に妄信や思考停止とはいえない、うまく表現できませんが、それぞれの人たちの生から滲(にじ)み出る「何か」があったのです。

「自分は今まで信仰を、かなり理性的、現実的なものとして捉えていたのではないか」

そんな反省もありました。信仰とはロジックではない、頭で納得し理解するだけのものでもないと、そこで初めて思い至ったわけです。

イエズス会士K神父との出会い

五島列島でキリシタンの風に吹かれ、熱せられたのは、本当に貴重な体験でした。「福岡空港からたった四五分だから」ということで気軽に出かけていったのですが、もしも黒崎に配属されていなかったら、長崎や五島を訪ねる機会はまずなかったでしょう。そういう意味では三菱化学に就職したこともまた運命的であったように思えます。

もうひとつ、黒崎ではイエズス会のベテラン司祭のK神父との出会いがありました。

K神父は大阪出身で、栄光学園や広島学院で教員をされ、のちに福岡の泰星学園(現：上智福岡中学高等学校）の校長をされるなど、ずっと教育畑を歩んでこられた方ですが、もともとは大阪大学の応用化学科を出ています。それから三菱化学に就職して、黒崎で勤務されていました。もちろん当時は黒崎教会に通っていて、青年活動や社会活動を一生懸命にされていたそうです。

もうお気づきだとは思いますが、K神父と私は経歴がよく似ています。大学で化学を学び、三菱化学に就職した。黒崎事業所に配属され、黒崎教会に通った。そこはまったく同じであるわけです。

私がK神父の存在を知ったのは、実は関口教会にいた頃でした。就職で東京を離れると決まったとき、とても懇意にしてくれていた信者の方にこんなことを言われたのです。

「私の甥も三菱化学に勤めていましたが、苦労の末、今は神父をしています」「もし人生の道で悩むことがあればたずねてみてください。きっと良い理解者になってくれると思います」

そんな人がいるのかと驚きつつもお名前を訊ねました。

私が黒崎にいた頃、K神父は広島にお住まいでした。ですから面識はまったくなかったのですが、あるとき偶然にもお会いすることができました。黒崎教会に古くからいらした信者の追悼ミサが行われたとき、「昔の青年仲間のために」ということで、K神父が広島から黒崎教会にミサの司式に来られたのです。

司祭職への挑戦

そのとき私は、「お名前はかねて伺っていました」と声をかけ、あれこれ話をさせていただきました。「これが最初で最後のチャンスかもしれない」という気持ちがありましたから、失礼を顧みず、直截（ちょくせつ）な質問をたくさん投げかけました。

そうした質問のひとつが「なぜあなたは神父になったのか」ということです。

「そうだねえ」と、K神父は穏やかに微笑したあと、次のような話をしてくれました。

あるとき自分は、会社勤めの中で体を壊してしまった。療養期間はそれなりに長く、いろいろ深く考えるところがあった。黒崎教会は地に足をつけて暮らしている人たちが一堂に会する場所で、彼らに助けられながら療養しているうちに、「このまま人生終わってしまっていいんだろうか」と思った。また、「もっと教会のみなさんと関わりを持ちたい」と思った——。そんな話をK神父はしてくれました。

K神父が黒崎にいたのは何十年も昔のことです。それなのに、若い日を共に過ごした人たちと今もつながっている。昔の仲間のために、今日はわざわざ広島から来られた。自分もそういう生き方をしてみたい、そんなふうに感じたことを覚えています。

「司祭の道を行くのも悪くないかもしれない」

私がそう思うようになった時期は明確ではありません。しかし、それは間違いなくK神父と出会ったあとです。そして後に、K神父は恩師X神父とかつて志願期（司祭や修道者を目指す人の研修期間）を共に過ごしていた同期生だったことを知ることになるのです。

その後、私は横浜の三菱化学の総合研究所に移りました。それは当時、三菱化学がゲノム創薬研究のための新しい事業を立ち上げることになり、技術者が必要ということで抜擢（ばってき）されたからです。

日本を支える製造現場と連携していた北九州での仕事は職場の人々にも恵まれ、大変充実していたのですが、横浜の研究所での先端研究はさらにやりがいを感じることができました。時代の先端をいく新しい事業部の仕事です。しかもその分野のエキスパートが揃って切磋琢磨する日々は面白くないわけがなかったのです。

しかし、その二年後に私はあっさりと仕事を辞めて神学校に入学しました。何かに苦労し、失敗したり、絶望したりしたわけではありません。充実した研究者としての生活は大変恵まれていました。けれども心の奥底でなぜか満足が得られていなかったのです。

今も時折、「どうして司祭になったのですか」と聞かれることがありますが、さまざまな教会体験を通して出会った多くの人たちとの交流があって、ときには信徒、修道者、聖職者の言葉や態度につまずいたこともありましたが、それ以上に多くの人々の真心、多くの人々の言葉、信仰に生きる姿勢からいろいろなことを感じとった末に、司祭になろうと決めました。

天から光が差したとか、神の言葉が雷のように落ちて来たとか、そうしたことはありません。コップに一滴ずつ水が落ちていって、やがてそこから水があふれ出るように気持ちが満ちて、私は司祭になろうと考え始め、そして司祭になったのです。

手が震えて、うまく字が書けない

とはいえ、司祭という立場はなろうと思ってすぐになれるものではありませんし、一生涯奉職する覚悟が必要です。そのために、まずは神学校に入学する必要があります。神学校のカリキュラムをすべて終えるまで、当時は最短で六年かかりました。今は制度も変わり最短でも七年以上かかります。修道会などでは修練期も含めてもっと長い年限がかかるのです。

それとは別に、私の場合、家族の同意という難しい問題もありました。もちろん同意などいらないといえばいらないのですが、しかしながら周知のとおり、カトリックの神父は生涯独身を貫かなければいけません。もちろん子どもをもうけることもできませんから、私の親も祖父母もまず大反対するはずです。

会社を辞めて司祭になりたい。その気持ちはまず手紙で伝えることにしました。しかし、これがなかなかうまくいきませんでした。手が震えてうまく字が書けず、どうにか書き上げた手紙も、すぐには投函できませんでした。会社内の事務棟の前に郵便ポストがあったのですが、「今日こそ出そう」とか「いや、とりあえず今日はやめておこう」と何日も逡巡(しゅんじゅん)したのです。

しばらくして、親から電話が来ました。その内容は、簡単に言えば猛反対です。それだけはやめてほしい。親戚に申し開きができないし、顔向けもできない。そんなことを言われました。

洗礼を受けるときは「もう二〇歳なのだから、自分のことは自分で決めていい」と言ってくれましたが、司祭になることに対しては明確に反対でした。「洗礼を受けるのとは違う」「せっかく大変な時期に良い会社に入ったのに、親を天から地に落とす気か」ということを、繰り返し言われました。

家族の気持ちは分かります。しかし、私としてはもう決めていたことでした。祖父母とは正月に帰省したときに、いろいろ話しました。決していい雰囲気ではなかったけれども、「もう決めたことだから」という一点張りで押し通しました。

家族からそういう反応が出ることは、予想はしていました。予想はしていたけれども、私としては足が前に出てしまった。歩みはもう止められませんでした。

当然賛成してくれると思っていたけれど

日本のカトリックの神学校（大神学校）の歴史をここで簡単に紹介しておくと、神学校は戦前から長らく福岡（聖スルピス大神学院）と東京（東京カトリック神学院）の二か所にありました。ちなみに将来、司祭を目指そうという子どもを早期から教育するための小神学校という制度もありました。

東京の神学校は、戦前から現在の練馬区関町（せきまち）にありました。司祭を目指すための神学教育は戦後から一九九〇年代の初頭まで、学問については上智大学の神学部で、共同生活に関しては練馬区関町の神学校で行われていました。神学校で共同生活を営みながら上智大学の神学部に通い、哲学と神学の単位を取得して卒業すれば、基本的に司祭になることができたのです。

しかし、司祭志願者つまり男子だけしか学べないような学部はもはやマズイということで、上智大学は女子にも神学の門戸を開きました。そうすると当然、さまざまな学生が共に学ぶようになり、神父になるために特化した教育というものが難しくなっていきました。そこで、司祭養成と一般の学部学生の教育とを分けようということになり、九州以外の地域の司教たちは共同で練馬の神学校の指導体制を変更して新たな運営をすることになりました。そうして一九九〇年に、独自のカリキュラムを作って上智大学から独立したのです。

このようにして、しばらくは福岡と東京でそれぞれに独立して神学校が運営されていたわけですが、紆余曲折あって、二〇二四年には東京にすべて統合されることになりました。

当然、私は東京教区で司祭を目指すために東京の神学校で学ぶことになるわけですが、神学校に入るには、いくつかハードルがありました。第一のハードルとして、どこかの教会組織に所属して、「私はこの組織で働く司祭に志願したい」という申請をしなければいけません。たとえばイエズス会日本管区であるとか、パリ外国宣教会であるとか、カトリック東京大司教区といった教会組織に、神学校の入学候補者として認めてもらわなければいけないわけです。

といって、ある日いきなりそうした本部に行って「お願いします」と言うわけにもいきません。そこで私はX神父に相談をしたのですが、そのとき開口一番にこう言われました。

「この前、いきなり君のお母さんが来たよ」

話を聞くと、「息子をどうするつもりですか」というような形で、母はX神父に詰め寄ったようでした。

「君ねえ。先にちゃんと説明しておいてくれよ。困るじゃないか」とたしなめられて、私はひたすら恐縮しました。

会社を辞めて司祭になりたい。このことについて、意外にもX神父は賛成ではありませんでした。

「神父になったら、今の地位はもう二度と得られないんだよ」

「そもそも親を説得できるの?」

「君の信仰を理解して、後ろ盾になってくれる人は、身内にはいないよね」

「考え直した方がいいんじゃないか」

そんなことを言われた覚えがあります。

とはいえ、後ろ盾については心あたりがありました。実は母方の親戚に、Y神父がいたのです。親戚に神父になった人がいると知ったのは大学生の頃、私に化学の道を歩むきっかけをくれた叔父の葬儀の席上で、そのときは「へえ」と思っただけでした。面識もまったくありません。しかし、神学校に入ろうと決めたあと、いずれその人にも相談に行かなければ、とは思っていました。

ですから私は、「親戚に神父をしている人がいます」と、X神父に言いました。

「それは初耳だな。その神父は何て名前なんだ？」

「Yという神父さんです」

するとX神父は「えっ」と驚いて、こう言いました。

「Yと俺は、同じ教会出身で神学校の同期生だ」

これもまた、不思議な縁としか言いようがありません。X神父とY神父は、神学校でともに学び、同じ年に司祭に叙階されていたのです。

胸に刻まれているふたつの言葉

「よし、分かった。まずは君、お母さんと一緒にY神父のところに行って話をしてきなさい。話がついたら、教区本部に推薦状を書くよ」

X神父にそう言われて、後日、Y神父に電話をして彼のいる教会を訪ねました。

驚いていたのはY神父も同じです。「まさか親戚から『神父になりたい』などと相談されるとは想像もしていませんでした」「しかもその親戚が、X神父のところにいたとは……」というわけです。

しかし、Y神父を交えて話をした後でも、母は神父になることを承知してくれませんでした。その後、以前から親交のあった若手のI神父にも間に入ってもらって、ようやく神学校の受験を了承してもらったのですが、母は最後まで納得はしませんでした。おそらく今でも納得していないと思います。親の理解が得られていない。これは司祭になったあともずっと心に引っ掛かっていたことです。これまで自分を育ててくれた家族の苦労を、自分は蔑ろにしてしまったのではないか。家族の気持ちを、もっと深く察するべきだったのではないか。後年、ローマに行ってからもよくそんなことを考えました。

そうした自問について、ローマ留学中に、ある神父に打ち明けたことがあります。そのとき彼は、こんなことを言ってくれました。

「確かに君は、ご家族の気持ちを十分に察していなかったかもしれない。しかし、だからこそ挑戦ができたのではないかな。家族を何より大切にしていたら、すべてを捨てて私に従いなさいといったイエスの弟子になることなどできなかっただろう。そしてもっと歳をとってから神学校に行けばいいなどと思っても、社会に長居するあまり余計に打算的な考えを深めてしまって、足がすくんで、もはや司祭なんかになろうとなどとは決断できなかったはずだ」

もうひとり、私が知り合って一五年になるセバスチャン・ジャコーというスイス出身のフルート奏者がいます。彼は飛ぶ鳥を落とす勢いでこれまでいくつもの国際コンクールで一位になって、一時期はベルリンフィルで首席フルート奏者も務めていました。

そのセバスチャンが二〇二二年に来日したとき、当時私が主任司祭をしていた北町教会に来てくれました。世界の若手ナンバーワンの呼び声が高いフルート奏者が、練馬区の外れの教会を訪ねてくれたわけです。

「見てのとおり、今はこういう仕事をしているんだ」

私はそう言いました。彼の返答はこうです。

「それでいいじゃないか。ひとつの世界しか知らない、これしか分からないという人生よりも、いろいろな世界を知っていて今の生き方を決断したというのはそれだけ人生が豊かだと思う。演奏家の世界も同じだ」

私の自問に答えてくれた神父さんの言葉、そしてセバスチャンの言葉は、今なお救いの言葉として私の胸中にあります。

「まずはまともなものを食べることを学びなさい」

神学校を受験することをしぶしぶ母に認めてもらったあとは、当時、X神父がいた蒲田教会で教会学校の子どもたちの面倒を見たり、青年たちと交流したりして、楽しく過ごしました。他方、X神父からは、「君は司祭を目指すのだから」ということで、いろいろな実地の指導を受けました。

実地とはいっても、最初に教わったのは――まったく意外なことに――料理でした。彼はもともと神学校の指導者でしたから、祈りのいろは、ミサの手順から始まって、聖書やキリスト教の神学についてより細かい話をいろいろ教えてもらえるのだろうと想像していたのですが、そうではなかったわけです。

司祭はみな、教会に隣接した家屋に住みます。そこでの生活は、現代の日本ではほとんどの場合、司祭が自分でまかなわなければいけません。そしてその基礎となるのは「食」です。だからX神父は真っ先に料理を教えてくれたのでした。

「祈りや神学は神学校でいくらでも教えてもらえる」

「君は放っておいてもよく勉強する研究者だから、そこは心配していない。今は、朝昼晩にまともなものを食べることを学びなさい」

ということで、X神父とはその頃よく一緒にスーパーに買い出しに行きました。もちろん祈りも教わりましたが、この時期に学んだことのほとんどは生活の仕方でした。

X神父には、信者のお客さんの応対についてもあれこれ教わりました。たとえばそれは、神父と一緒に信者の家に見舞いに訪ねて行ったり、教会を訪ねてきた信者さんにお茶を出したり、食事を出してもてなすことです。あるとき何人かのお客さんが教会に来たことがあって、私はそのとき「今日はお客さんが多いな」と、お菓子を小分けにして出したのですが、「君ねえ、これじゃダメだよ」と、あとで小言を言われました。

「人を大切にする、人に敬意を払うということは、お茶の出し方ひとつ、お茶菓子の出し方ひとつで決まるんだ」

X神父は彼らしい言い方で、人への気遣いができなければ神父には向かない、人を愛せなければキリストの弟子として歩めないということを教えたかったのでしょう。

それはもう天啓だ

とはいえ、東京教区の神学生として志願するための教区の面接は、通るかどうか微妙でした。いちばんの問題は、私が子どもの頃からの教会育ちではなかったため、初対面の神父たちからどんな質問をされるのか、それにどのように答えるのがよいのか、その結果、どのような評価が下されるのかまるで分からないことでした。何を聞かれたかは今となってはほとんど覚えていませんが、どう答えたらいいのか苦慮したことだけはよく覚えています。

私のような経歴の人間を評価することは難しかったようで、簡単に言えば「妙な経歴の人が来たけれど、どうしよう」という話になったわけです。「田中さんは様子を見たほうがいい、考え直したほうがいい」という意見もあったと、後になって聞きました。

それでもどうにか教区の面接には合格しました。そうなると今度は神学校の入学試験です。当時、試験は三泊四日の長丁場で、筆記試験と面接だけでなく、神学校に泊まり込んで過ごす間の生活態度、神学生との共同作業の様子も評価の対象とされました。

私はまだ会社員でしたから、有休休暇を申請して試験に臨みました。確か一月の下旬だったと思います。当時、宿舎とされた近くの修道院は古い建物で部屋の中はひどく寒かったことを覚えています。

筆記試験はキリスト教の一般知識と小論文に英語でした。

初日と二日目は無難にやり過ごしました。ところが二日目の夕方になって部屋に戻ると、ゾクゾクと悪寒(おかん)が出てきて、いつまでも止まりません。体温を測ったわけではありませんが、まず間違いなく熱が出ていました。

「とにかく寝るしかない」

すぐにベッドに入りました。しかし、体がつらくてなかなか寝つけません。

翌日は面接試験でした。高熱の苦痛と「明日はいよいよ面接だ」というプレッシャーの中で私が考えたのは、「明日の朝、もしも起き上がれなかったら、それは『神学校には行くな』という天啓だろう」ということです。

「起きられなかったら、もう仕方ない。素直に諦めよう」

そうも思いました。

試験期間中は、神学校の朝の祈りと朝ミサ、晩の祈りに出席しなければなりません。正確には覚えていないのですが、確か朝の祈りは六時一五分スタートでした。遅くともその三〇分前には起床すべきでしょうが、当時の私はそのような早起きはまったくしていませんでした。仮に体調万全だったとしても、寝坊の心配はあったわけです。

しかし不思議にも、体調が最悪であまり眠れなかったにもかかわらず、翌朝は五時過ぎにぱっちりと目覚め起き上がることができました。そして一か八かという思いで何とか面接を終えることができました。面接官の神父さんたちに体調を気づかってもらったこと、教会にはいろいろな人が来ますがやっていけますかなどと聞かれたこと以外はほとんど何も覚えていません。

試験が終わってほどなくして体調も回復してきた頃、神学校からの合格通知が届いて、私は会社に辞表を提出しました。

第七章

神学校、そしてローマ

神学校一年目

私が入学した当時、神学校では哲学が二年、神学が四年というカリキュラムが組まれていました。これが前章で述べた卒業まで最短で六年という年限の内訳です。

私のときは東京の神学校の学生数は全体で平均三五人から四〇人くらいでした。これには九州地区の教区の神学生の数は含まれていません。今は神学校が統合されているのですが、九州地区も含めた日本全体の神学生の数は二〇人に満たないという状態です。

私の神学生時代の同級生の年齢は、平均するとおそらく三五歳くらいだったのではないでしょうか。たとえばサレジオ会などの修道会の神学生は割と若い人が多く、中には小神学校から上がってきた高校卒業したての一八、一九歳ぐらいの学生もいました。一方、我々のような教区の神学生の中には、三〇代から四〇代の学生も結構いましたので、年齢的にはかなり幅があり、その中でも二〇代の終わりだった私は割と若い方でした。そんなわけで、神学生対抗サッカー大会などをした日には、いつもまるでユース対シニアの試合のようにかなりの戦力差を感じざるを得ませんでした。

当時の同級生の中には五〇を過ぎて神学校に来た人もいました。その人は奥さんと死別して、残りの人生は人のために生きようと思い、奥さんと過ごした家も子どもたちに渡して、教会の施設の職員として働き始めたときに、司教から「まだがんばれるのだったら、司祭にならないか」と言われて神学校に来たという人でした。その人は還暦でみごと司祭になりました。

また、毎年、各学年に二、三人ほどフィリピンや南米、ベトナムなど外国籍の神学生もいました。

私が在学していた頃は、神学校の一年目は、栃木県那須町にある教会施設で共同生活を送っていました。そこで一年間さまざまな来歴を持つ仲間と共に暮らすことが神学校生活の入門で、「この人は共同生活ができるのか」「この人は他者ときちんと対話できるのか」「どこまで本気で神学校に来ているのか」といったことが、日々の生活の中でチェックされます。

那須の施設は、当時、携帯の電波がほとんど入らないような山奥にありました。私たち神学生は、畑を耕したり、牛舎やニワトリ小屋の掃除をしたり、しいたけの原木運びの作業をしたり、あるいは老人ホームを訪問して手伝いをしたりしながら、聖書を読み、朝に晩に祈る日々を過ごしました。

初年度の神学生生活ではいわゆる授業と呼べるものはほとんどありません。単発の集中講座のようなものはありましたが、基本的には聖書や教会の公文書をみんなで通読していく毎日です。

また、歩いてもそう遠くないところには那須のトラピスチヌ修道院があり、月に一度は一泊して霊的指導司祭を招いて修道院で静かに過ごせる日がありました。さらに毎週日曜日には、神学生のうちひとりがトラピスチヌ修道院で侍者（ミサの祭壇奉仕）の当番に行っていました。トラピスチヌ修道院は女子修道院ですので、ミサを行うためのチャプレン（祭儀など霊的な奉仕をする聖職者）がおり、そのアメリカ人のトラピスト会司祭と質素ではありますがおいしい朝食を一緒にして信仰面でためになる話をすることができました。

教会には、大きく分けると活動修道会と観想修道会のふたつがあります。活動修道会は、社会の多様な必要に応えるため、助けを必要とするさまざまな人々への奉仕の活動を旨としています。対する観想修道会は、修道院の中だけで祈りを中心とした生活を送る修道会です。観想修道会に分類されるトラピストのシスターや司祭は、世俗から離れて共同で祈り働いて自給自足に近い生活を山奥で静かに営んでおり、こうした人たちの祈る姿に気づかされることがたくさんありました。そして彼女たちが教会のみならず世のため人のために日々祈ってくれていることは大変ありがたいことだなと感じました。

こうした生活は私にとって本当に良い経験でした。人生がリセットされたような気持ち、長年の生活の垢(あか)が落ちていくような気持ちになれたのです。

「社会生活にくたびれてしまった人には、こういう暮らしがいいのかもしれないな」

そんなことを考えた記憶があります。

私が神学校に入ったのは二〇〇四年で、当時はまだ「ガラケー」の時代でしたが、神学生の携帯電話の所持は禁じられていました。神学生たちはみな、携帯電話を解約した上で那須の山奥にある施設に行ったのです。なぜ携帯電話を所持してはいけないのか。理由は説明されませんでしたが、おそらくそれは「俗世(ぞくせ)のしがらみから離れなさい」ということであったのでしょう。

もっとも、那須の施設にはパソコンがありました。ネットもつながっていました。なおかつ神学生向けの本が山ほどありましたから、「退屈でたまらない」という苦痛はありませんでした。

施設にはテレビもありましたし、お酒も飲めました。そうした環境で自分をよくコントロールできているかどうか。指導者たちはそこもしっかり見ていて、羽目を外しすぎる学生は「ちょっと、君」と注意されます。

山暮らしの一年間が終わったあと、東京に戻ってX神父に会いに行きました。彼は、「君のことだから『こんな生活は馬鹿馬鹿しい』と言って、すぐに帰ってきてしまうかもしれないと思っていたよ。よく一年耐えたね」と言って迎えてくれました。

神学校を去っていく仲間たち

司祭を目指して神学校の試験を受ける人たちはみな、生涯独身を決意していなければいけません。しかし、人によってはときに迷いが生じます。独身の問題だけではなく、人生は人それぞれですから、六年という養成課程では時折、自分の召命に何かしら課題があることを自覚させられます。

もちろん神学校に入ったときの私に迷いはありませんでした。そうでなければ、そもそも神学校には行っていません。とはいえ、恋愛も含めて別の生き方へと心を動かされるという気持ちはいつ湧き上がってきても不思議ではないものです。実際、さまざまな理由で司祭への道を諦める人もいました。ある人は教会での人間関係で、ある人は心身の健康上の問題から、またある人は自分の思いが本当は別の生き方に向いていたことに気づいて。

あるとき、上の学年の先輩が急に神学校を辞めました。その後しばらくして、「彼は結婚したらしい」という噂が聞こえてきました。それはそれで良かったと、そのとき私は思いました。司祭になる前に辞めると決断して、仕事に就き、家庭を築くのは、それはそれで幸せだろうと思ったのです。司祭になってから辞めるのはいろいろと厄介だろうから、辞めるなら早いほうがいい、そう思いました。

女性に対して強い嫌悪感があるとか、恋愛対象が男性だけであるとか、そういうことでもない限り、神学生でも、きれいな女性を見たら「きれいだな」と思うのが当たり前です。ですから生涯独身について は、おそらく神学生全員に何かしらの葛藤があります。そうした葛藤が、その後ずっと続くケースも少なくないでしょう。

神学生になって何年目のことだったか、今はもう思い出せないのですが、ある休日に都心に出かけて、大学時代の友達とばったり出くわしたことがあります。そのとき私は「カトリックの神父になろうと思っているんだ」と打ち明けたのですが、そのときこう尋ねられました。

「誰かを好きになって、『その人と結婚したい』と思ったらどうするの？」

私はその質問に対して、「そういうことがあるかどうか、やってみなければ分からないと思っているんだよ」と答えました。未来に何が起こるのか。これは誰にも分かりません。未来に起こるかもしれない自分の恋愛感情については、いくら考えても仕方ないことです。

ところで、だいぶ前にアメリカ人の社会学者が書いた『司祭になって最初の五年（*The First Five Years of the Priesthood: A Study of Newly Ordained Catholic Priests*）』という本があります。おそらく邦訳は出ていないと思うのですが、その本によれば、若手の司祭が司祭を辞める理由でいちばん多いのは恋愛事情ではなく、「組織内部で自分が理解されないこと」だそうです。

小説や映画にもなるような、女性を好きになってしまったという理由で司祭を辞める人も当然いるにはいます。しかし、それはランキングの上位ではないのです。実は、司祭を辞める理由として上位にランキングされているのは、「上司に理解されない」「信者とうまく付き合えない」といった組織における人間関係の悩み、それから病気です。ストレスの多い職業であることは事実で、その主な病気の類型もそのことを物語っています。そこは普通の会社員とあまり変わらないのかもしれません。

神学校にいる間に留年する学生もいます。しかし、成績不振による留年は意外と稀で、ほとんどが精神上の理由、健康上の理由による休学でした。しばらくして復帰する人もいれば、「いろいろ考えて、この道を諦めることにしました」と辞めていく人もいました。簡単な道ではありませんから、それも仕方ないことでしょう。

知識をぎちぎちに詰め込むような学習

神学校の二年目からは山から下りて、東京の神学校でまず主に哲学を学びます。古代ギリシア哲学から始まる哲学史、形而上学や論理学、中世哲学、近代ドイツ哲学や現代哲学などをひととおり勉強します。哲学が終わったら三年目から本格的に神学です。

哲学にしても神学にしても完全な詰め込み式で、知識をぎちぎちに詰め込むような学習が続きます。古典ギリシア語、古典ヘブライ語、古典ラテン語の授業も必修でしたから、勉強はなかなか大変でした。試験は前期・後期の年二回で、多くは教会の伝統の口頭試験でしたが、レポートや筆記試験もありました。当然のことながら、あまりひどい成績だと留年になります。

もちろん教義、聖書、典礼、倫理、教会法、教会音楽といったことも学ぶわけですが、悪霊論や聖霊論といった一歩踏み込んだことはあまり教えられませんでした。

神論という、三位一体論など神について取り扱う科目は必ずあって、その中で当然のことながら神の力である聖霊について語られることは多くありますし、それに関連して悪魔、悪の働きについても話を聞きます。ただ、「悪魔とは何か」「悪霊とは何か」その対処法はどうするかといった細かいことにはあまり深くは踏み込みません。

一般の方が聞いたら驚かれると思いますが、神学校の主目的として神の力について語ることは多くても、反対に悪魔の働きについてはほとんど議論をせずに神学校生活が終わっていくわけです。確かに教会は悪魔について宣教するのではなく、キリストの福音を伝えるのですから、それは当然のことかもしれません。

勉強と並行して、神学生全員の共同作業、行事というものが日々、そして毎月、毎学期いろいろとありました。みんなで掃除や神学校内の環境整備などをしたり、墓参や、カトリックの宣教師によって設立された日本に現存する最古のハンセン病療養所である神山復生病院（こうやまふくせい）をはじめ諸施設を訪問したり、秋には銀杏（ぎんなん）拾いをして神学院祭（いわば学園祭のようなもの）を開催するなど、季節ごとのイベントもありました。

神学校は基本的に全寮制で、授業料はもちろん、生活にもほぼお金がかかりません。全国の教会から寄せられる基金によって、生活費は無料でしたし、個別に生活に必要なものを買うときには出身教区から費用が出ます。他方、個人の楽しみに買う本や洋服などは、人にもよりますがほとんど自費でした。神学校には休日があって、映画館やレストランなどにも自由に行くことができますが、当然、自分でお金を出さなければいけません。

しかし、教区に請求すれば少額の小遣いがもらえました。衣食住のうち「食」「住」は保証されていて、さらに小遣いまでもらえるのですから、恵まれた環境であるのは間違いありません。そうした環境の中、私たちは思う存分に勉強ができたし、思う存分に祈りを深めることもできました。

一日の授業が終わったあとは、六時前から晩の祈りがあって、それから夕食です。夕食後は自由時間です。

第三章で述べたとおり、私は神学生のときにいくつかの本の翻訳をしましたが、その作業にはこの自由時間を当てました。悪魔祓いをテーマにした論文も書きました。そうした自由な勉強ができたのは、ひとえにこうした恵まれた環境があったからです。

「この人はいったいどうなっているんだ?」

神学校の毎日は、朝の祈りから始まります。それが終わればミサです。朝の祈りが始まるのは当時は確か六時一五分でしたから、遅くとも五時四五分にはベッドから出るべきです。

とはいえ、これを毎日するのは簡単ではありませんでした。実際、寝坊して朝の祈りやミサに出てこない学生もいました。

神学校の先生たちは、寝坊をあまり責めませんでした。まして同期生や先輩たちから「おまえはなんで朝のミサに来なかったんだ?」などと咎(とが)められることも滅多にありません。そこはわりとみな優しかったわけですが、私は自慢ではありませんが寝坊はしませんでした。もちろん一、二回くらいは寝坊したかもしれません。しかし、出席率が九九パーセント以上だったのは確かです。

神学校を卒業するとき、後輩にそのことを褒められました。

「田中さんは朝の祈り、晩の祈りの前、いつも同じ席に座って静かに念禱をしていましたね。そのうち寝落ちするだろうと思いながら毎日見ていたけれど、一回も寝落ちしなかった。『いったいこの人はどうなっているんだ?』と不思議でした」

彼が言ったとおり、私はいつも時間前に決まった席に座っていました。しかし、それはプライドの誇示でもなければ規律重視の宗教的な信念からでもありませんでした。実際、毎朝すっきり元気に目覚めていたわけではありません。体がひどく重い朝、眠くて仕方ない朝は数えきれないほどありましたし、「今日はこのまま寝ていようかな」と迷ったことも、二度や三度ではありません。

そんなときに決まって思い出されたのは、あの神学校受験の三日目の朝の出来事でした。ひどい風邪の症状に苦しんで、もう神学校は諦めようかと思ったあの孤独な夜。「明日の朝、もし自分が目覚めさせてもらえたなら、朝の祈りに出ることができたなら、私はこの道に生涯を捧げよう」

その一念に支えられて、私は神学生時代、毎朝気力で寝床から起き上がっていました。先ほど述べたとおり、それは私にとって簡単なことではなかったけれども、特段の苦しみでもなかったと思います。少なくとも、神学校にはそれより苦しいことがありました。

分かち合えない相手

すなわちそれは、学生同士の人間関係です。

キリスト教では「分かち合い」とよく言います。実際、週に一回程度「分かち合い」の時間がありました。しかし、現実生活ではどうしても分かち合えない、信仰の感覚を共有し合えない相手もいます。神学校では狭くて濃い人間関係が六年にもわたって続くのですから、そこはいろいろと難しいところがありました。

神学生たちはみなひとつ屋根の下で学びます。司祭になるという目標も全員同じです。しかしそれでも、「本当に同じものを見ているのか？」と疑問を感じることもあったのです。

私の家族には信者はおらず、サラリーマン生活をしていたときは、当然のことながら自分で稼いでその中から毎月教会に献金していました。そしていろいろ悩んだ末に神学校に行く決心をしました。しかし神学校には私とはほとんど正反対の生い立ちの学生もいました。カトリック信者の家庭に生まれ、幼い頃から「将来は神父になりなさい」と親に言われて育ち、学生を終えて社会にも出ず、「私は司祭を目指します」と宣言したときには、家族全員に喜ばれ、出身教会で花びらを撒いてもらって神学校に送り出されたような――学生もいたわけです。

もちろんそれはそれで幸せなことです。しかし、生い立ちこそ違って当然ではあるものの、なぜか、神学生の中には「自分こそ神父にふさわしい」と、ほとんど根拠のない自信を持っている独善的な人がいました。どの業界にも大概そういう人はひとりくらいいるものですが、ある意味で彼らは自分とは根本的な理解や目的がどこか違っているように思いました。「司祭職は神と人々への奉仕なのだ」ということが、どうも分かっていないように思えて仕方がなかったのです。もちろん社会人経験がある人であっても、話がまるで通じないということは何度も経験しました。そういう人間が将来司祭になったり、間違って司教にでもなったりしたら、神と人々との親しい交わりの場であるべき教会が、信者が聖職者を崇め、聖職者が信者を支配するような閉鎖的な宗教組織になってしまう。もはや教会共同体が健全に育つどころか崩壊してしまうのではないか。それではキリストが望む宣教などできはしない。そうも思っていました。

私は彼らとは嚙み合わなかったし、その独善的な考え方にまったく馴染めませんでした。おそらく相手も私を煙たいと思っていたでしょう。彼らの中には、「教会の常識は社会の非常識だ」などとうそぶいていた人がいたのを思い出します。では教会はどのような意味で社会的に非常識な組織でよいというのでしょうか？　教会が非常識な組織であれば誰も信用しないし、まともな人は去っていきます。

社会も教会もしょせんは人間の世界、合う合わないはお互いさまなのですが、教会、中でも神学校という組織にあっても互いに分かち合えない相手と一緒に暮らしていくのは、正直なところ苦痛でした。ですが、それでも互いに愛し合えというのがイエスの教えでした。

「来年からローマに留学してもらいます」

神学校では毎年、学年末にそれぞれの神学生に評定というものが出されます。司祭職に対する自らの状況を、日々の祈りや共同生活の中での態度、神学の勉強の出来具合、週末の実習先での教会の司祭や信徒からの評価などをもとに、神学校の養成者が総合的に判断して、次の学年に進むべきかどうか判定をくだします。誰しも良い面もあれば悪い面もある、それが人間ですが、先ほど述べたように、個人的に克服すべき課題があまりに重大かつ解決困難な場合、自ら司祭への道を諦めるか、各自の教区の司教によって司祭には向かない（クビ）と最終的に判断されることがあります。

このようにして神学生は、単に恵まれた環境で漫然と過ごしているわけではなく、それなりに緊張感も伴いながら段階を進んでいきます。そして最終学年が始まる頃には、自筆の叙階の請願書に基づいて神学校の評定を参考にした司教の最終決定により助祭という聖職者に叙階されます。

私は二〇〇九年の三月に出身教会で当時の東京教区の補佐司教によって助祭に叙階されました。

その日、叙階式の終わりに親戚のY神父や、司牧実習でお世話になったF神父から、「聖職者である前に真っ当なキリスト信者であれ、キリスト信者である前に真っ当な人間であれ」という激励の言葉を送られたことを今でも印象深く覚えています。

神学校の最終学年では、助祭という下位の聖職者として奉仕にあたる他に神学の総合試験がありま す。これによって最終的な成績が出ます。私が神学生だった当時、この成績はローマに送られ、教皇庁立大学が学位を認定するかどうか決めていました。認定されれば卒業と同時に神学学士号（バカロレア）を取得できる仕組みになっていました。

私が神学校を卒業したのは、二〇一〇年三月でした。当時は、神学校の卒業の判定と司祭への叙階の推薦とがほぼセットになっていました。ですので、大概は最終学年の終わりには、神学校からの総合的な評定に基づいて、司教が自らの教区の神学生である助祭を司祭にするか教区の養成担当者会議に諮って決定します。

私は神学校を卒業してほどなくして司祭に叙階されたのですが、叙階式当日に東京教区の大司教から任地について内示がありました。私は町田教会（東京都町田市）でした。

次いで、「あなたには来年からローマに留学してもらいます」と、大司教に言われました。

「今年一年は町田教会でがんばってください。ただし、来年の準備もきちんとするように」

そんなことも言われました。

ローマ留学は、私が希望したことではありません。いわば人事異動のようなものです。私はローマで四年ほど学び、二〇一四年に教会法の教授資格（リチェンツィア＝一般には修士号に相当する学位）を取ったのですが、これは東京教区としては約二〇年ぶりの出来事でした。その二〇年間、東京教区からローマに留学して教会法の勉強を終えた人はいなかったのです。

裏返して言えば、当時、東京教区・東京教会管区では、ローマなどの海外の教育機関で教会法をはじめ神学や聖書学、典礼学を学んだ若手の人材が長らく必要とされていました。特に教区の法律の専門家は、本来なら各世代にいなければいけません。なぜなら単に組織には法律を知っている人間が必要とされるからではなく、教会には後述する教会裁判所という司法機関が必置とされており、そのための法務官をおかなければならないからです。私が留学すると決まったとき、東京管区全体で実働する法律の専門家は四、五名程度いましたが、そのほとんどが六〇代から七〇代でした。

これはさすがに何とかしなければならない――ということに、おそらくなったのでしょう。その結果、私が選ばれたわけです。

「何とかなるか、ではなくて、何とかするんです」

町田教会での新司祭としての一年を終えた二〇一一年四月、私は東日本大震災の大きな被害が連日報道される最中にイタリアに渡りました。まずはローマに行って在留のための各種手続きをして、それから半年ほどイタリア中部の古い都市ペルージャでイタリア語を学びました。イタリアの大学は一〇月初旬から授業が始まりますから、九月頭まで語学の勉強に専念したのです。

「あなたには来年からローマに行ってもらいます」

大司教にそう告げられてから、私はほどなくしてイタリア語の勉強を始めました。日本での準備期間が丸一年あって、さらに現地で約半年学ぶことになったわけですが、やはり不安はありました。

「たった半年で何とかなるんでしょうか?」

ローマで各種手続きをサポートしてくれた長崎教区のT神父にそう聞いてみると、

「何とかなるだろうか、ではなくて、何とかするんですよ。みんなそうしてきたんです」と言われました。

私が入学した語学学校は、ペルージャ外国人大学です。

ヨーロッパでは、学校にも企業にも長い夏休みがあります。そのために夏休みを使って語学の勉強をする人がたくさんいて、学生や会社員、あるいはリタイアした人たちが、バカンスついでに語学学校に通うことも珍しくありません。ペルージャ外国人大学は、昔から全世界的に有名で、ヨーロッパのみならず各国から老若男女が集まっていました。

「私たちを手伝わないでください」

語学研修中に私が滞在していたのは、ペルージャ大司教区が運営する「司祭の家」という施設でした。司祭の家は一四世紀にはコンクラーベ(教皇選出選挙)も行われた歴史あるペルージャの大聖堂とくっついて建っている建物の一角にあり、教皇レオ一三世がペルージャ大司教だったときに設立した神学校を改良した施設でした。司祭の家の壁には四〇〇年ほど前に描かれた司祭の家と大聖堂の絵がかかっていたのですが、どちらも今とまったく変わらぬ姿で驚きました。

ペルージャではそうした古い施設で暮らしていたのですが、当時は毎日が本当に快適でした。炊事や掃除、洗濯といった日常のこまごまとした雑事はすべて、ハウスキーパーの女性たちが担ってくれましたから、私たちはひたすらイタリア語の勉強をしていればよかったのです。

当時、彼女たちによく言われたのは、「私たちを手伝わないでください」ということです。「あなたがたは勉強をしに来ている、私たちは自分の仕事をしているのだから、教会の奉仕者だからなどと言って、私たちの手伝いをする必要はないんですよ」と、言われたのです。

もちろんそれは本当にありがたいことでした。何か困った問題が起きたときは、管理人がすぐに飛んできて助けてくれました。

夕方になると、一緒に勉強をしている神父たちと共同で晩の祈りをして、ミサをしました。出身国はそれぞれに違うけれども、「ローマに行く」「将来は教会のためにそれぞれ重要な任務を担う」という目標、意識はみんな同じです。かといって決してみながエリート意識の強い人間だったとは言えません。彼らとはお互いに尊敬し合えて、その信仰の感覚、司祭としての真摯な姿勢に学ぶところが多く、「ああ、これはいい生活だな」「自分はこの連中と同じ聖職者として生きているんだな」と、幾度となく実感しました。

他方、語学の授業の合間に、互いに適当なイタリア語で「来週末はあの街に遊びに行こう」とか、「次はあそこのレストランに行ってみよう」などと相談しては、あちこちに出かけました。すぐ隣は聖フランシスコの出身地で巡礼地として有名なアッシジでしたし、イタリア中、巡礼したい放題でした。もちろん毎日、朝から晩まで語学の授業があったわけですが、仲間と共に学び、共に祈り交流できたわけで、そこはもともと神学校として使われていた施設でしたから、ある意味で私は東京の神学校生活で満たされなかった部分をそこで補完させてもらえたように思いました。

「何とかなるだろうか、ではなくて、何とかするんです」

長崎教区のT神父の言葉はいつも頭の片隅にありましたが、ペルージャで楽しく過ごしているうちに、「たぶん何とかなるだろう」と自然に思えるようになりました。

あの頃の仲間たちとは今もつながっています。その中には東京まで私を訪ねてきてくれた仲間が何人もいます。今ではバチカンの国務省で働く役人になった若い神父もいますが、アメリカで青少年司牧をやっている司祭もいます。カナダの神学校の教授になった神父もいれば、ブラジルで小教区の人々の司牧に勤しんでいる司祭もいます。中には司祭を辞めた仲間もいます。さらにバチカンの外交官になって派遣されたものの、派遣先で殺されてしまった司祭もいます。

教皇庁立ウルバノ大学

ペルージャでの約半年間の生活が終わり、ローマに着いたのは二〇一一年の九月の終わりでした。

私が神学の学位と教会法の学位を取得した教皇庁立ウルバノ大学は、宣教地で働く司祭や修道者を養成するために一六二七年に教皇ウルバヌス八世によって設立された由緒ある教皇庁直轄の大学のひとつです。

教会法を勉強し始めた当時よく後悔したのは、「日本にいるときに法律の勉強をもっとしておけばよかった」ということです。民法をはじめとする日本の法律、あるいはその源流であるローマ法についてあらかじめ学んでおけば、確実に勉強が楽だったはずです。「法律の知識が土台にあったら、たぶんこの科目は満点だっただろうに」などと思ったこともあります。

後悔といえば、後になって「大学時代にイタリア語やスペイン語、フランス語を勉強しておけばよかった」ともよく思いました。

私がかつて大学で学んだ外国語は、英語とドイツ語です。なぜなら当時の化学研究の世界は基本的に英語、できればドイツ語が分かってさえいれば論文を読み書きして研究を進められたので、それで十分だったのです。つまりは、私はラテン系の言語には学生時代から馴染みがなかったのです。唯一、神学校で三年間学んだラテン語の知識だけはイタリアに行ってから非常に助けになりました。それで「大学時代にイタリア語かスペイン語、あるいはフランス語を学んでおけば、もっとスムーズにウルバノ大学での勉強にも打ち込めただろうに」と何度も後悔したのです。さらにローマの大学は、基本はイタリア語で講義も試験も行われるのですが、試験や論文は、ヨーロッパ言語であればOKでした。その意味でもアジア系の学生は不利でした。

周知のとおり、今はラテン語で会話をすることはまずありません。それでもウルバノ大学の書店にはラテン語会話なる本がおいてありました。もちろん、教会の学問で古い文献を読むためにはラテン語の知識は必要ですし、カトリック教会ではバチカンの規範版の儀式書も教会法典も、ラテン語で公布されます。バチカンの教皇司式の祭儀ともなると式文は基本的にラテン語です。

教皇庁立大学は神学校と同様にほとんどの学部・学科でラテン語は必修科目です。ウルバノ大学の教会法学部では、基本的に正しく読んで理解する力、正しく発音する力、正しく書く力を身につけなければいけません。試験は基本的に口頭試験でした。まずは先生と一対一で向き合って、「何ページの何行目から読んで」といった指示どおりに音読します。きちんと読めているか。正しい発音ができているか。内容を理解しながら読んでいるか。そうしたところがチェックされます。すらすら読めなければいけないし、発音がおかしいとそのつど指摘されます。

次は翻訳です。「何ページの何節目から文章を訳してください」と指示されて翻訳するのですが、「訳しなさい」というのは「イタリア語に訳しなさい」ということです。ラテン語の文章を読んで、それがうまくイタリア語で表現できないと点数がつかないのです。

その上で、文法の質問が続きます。「この動詞の活用と時制を説明してください」「文法的な特徴、構文は」「言い換えるとしたらどう言えますか」などといったことも、その場でどんどん聞かれます。場合によっては突然追加される質問もあって、その場で見たことのないラテン語の文章を見せられてこれ読んで訳してと言われます。ここまでできれば当然満点で、教授はことのほか大喜びになるのですが、質問に答えられずにいると、先生の表情が険しくなってきます。「もう帰れ」と怒鳴られていた学生も、ときにはいました。

ウルバノ大学では、ラテン語以外の試験もほとんどが口頭試験でした。これは古くからの伝統で、答える側も採点する側も楽といえば楽ですが、この方式はきちんと勉強をしているかいないかがその場ですぐに分かってしまいます。満点に近い成績でパスできる場合は、決まって先生とのやりとりはスムーズで、先生もご機嫌、こっちもいい感じで試験を短時間で終えられるのですが、そうでないと先生は次第に不機嫌になり、こっちは恐怖と緊張に襲われ、時間も余計に長引いてしまい、しまいにはラテン語の試験同様、出来の悪い学生は先生に怒られて、「出直してこい」と教室から追い出される——といった光景もみられるのです。

芸は身を助く

留学中は、教会主催の講座にもあれこれ通いました。たとえば教皇庁の裁判所や省庁、ローマ教区などが実務家向けのコースを開催する、などといった案内が来たときは、お金を出して申し込んで参加していたわけです。試験が近づいている時期はもちろん試験勉強に専念しなければいけませんが、時間があるときは「ローマで得られる情報は何でも」と、さまざまな講座に参加しました。前述したエクソシストの養成講座もそのひとつです。

とはいえ、ひたすら勉強ばかりしていては身が持ちません。巡礼や遺跡巡り、それから観光に行ったり、おいしいものを食べに行ったり、コンサートを聴きに行ったりと息抜きは適度にしていました。私はローマではカナダの聖スルピス会が管理するコレジオと呼ばれる学生寮のような施設にいたので、ほとんど毎年夏休みは研修がてらコレジオの友人のいるカナダに行き、カナダの教会、神学校、教区本部などの教会施設で過ごしました。

ローマでの勉強の期間もペルージャにいた頃と同じように、食事や洗濯、掃除などはすべてハウスキーパーの方たちがやってくれたので、ほとんど生活上の苦労をしないで過ごせました。

ローマでの息抜きといえば、私はローマでも相変わらず空いた時間にはフルートを吹いていました。コレジオの行事や大学の教授のお祝いのパーティーでも、フルートを吹く機会はたびたびありました。コレジオでは院長がオルガンの名手で伴奏してくれましたし、同僚のアルゼンチン出身の若い神父もよくピアノで伴奏をしてくれていました。さらにバチカン内の聖堂で記念行事のミサをした際には、由緒あるカペラ・ジュリア（バチカンの専属聖歌隊）のカペラマエストロとも一緒に演奏しました。彼からの誘いで、クリスマスシーズンなどにカペラ・ジュリア付属のオーケストラの演奏会にエキストラで呼ばれたこともありました。が、今思えば随分なことをやっていたものだと思います。そのせいで、あるとき、長年バチカンで司教省長官という重要な役職を務めていたカナダ人の枢機卿マルク・ウェレット大司教に声をかけられました。

「君はムジカサクラで学んでいるのか？」

あなたは教会音楽の学生ですか、と聞かれたわけです。そのとき私は「いいえ、違います。教会法を勉強しています」と答えたのですが、枢機卿には「だけど、君はいつも演奏してくれているよね？」と言われてしまいました。けれど、そのおかげでカナダの司教、枢機卿たちが私たちのコレジオに来るときは決まって楽器の演奏を所望され、そのおかげで夏休みにカナダの彼らの教区に招いてもらえました。

芸は身を助く、と言います。確かにそれはそのとおりで、音楽を通じてローマでもさまざまな人たちと交流できましたし、音楽がきっかけで互いに深い話をすることもできました。ローマにフルートを持っていったのはいろいろな意味で大正解でした。

ローマでは、いろいろな聖職者、修道者、信者家族と出会い、交流しました。中にはとても深い兄弟愛に生きる司祭、知的にも霊的にも、また人間的にも立派な司教、愛情に満ちたシスターたち、とてもすばらしい信者家族にも出会うことができました。そうした出会いの一つひとつが教会に対する私の希望となりました。

「キリスト教国って、こんな世界なのか？」

こう言ってはいけないかもしれませんが、実のところ、教会法という学科はさほど難しくありません。少なくとも、聖書学や典礼学に比べれば相当楽な方です。

聖書学や典礼学は、そもそも内容が難解なだけでなく、ラテン語、ヘブライ語、シリア語、コプト語、その他の古代語の学習が必須とされ、それが相当に大変で、教皇庁立聖書研究所や典礼研究所では、古典ラテン語、古典ヘブライ語、古典ギリシア語で一定の成績を収めないと、予科から本科へ進めないシステムになっています。ひとことで言えば、語学ができない人間は門前払いされるということです。

ですから、「聖書や典礼を専門に学んでいる人たちの中には、精神を病んでしまうか、自信をなくしてしまうか、はたまた信仰まで失ってしまうか」などという話を当時よく聞きました。実際、自殺者が出ることもあるとかないとか。それほど勉強がきついのです。

教会法を学ぶ際にも、条文の解釈の他に法哲学、法神学などの理論やローマ法、西洋法制史など、純粋な教会法以外にも学ぶべきことは多々あります。しかし、教会法学科では語学はラテン語だけやっていれば博士課程まで行けるので、聖書学ほど苦しいということはありませんでした。

もちろん勉強では初めは苦労もありましたが、基本的には非常に良い経験でした。勉強を助け合った同級生の仲間にも恵まれたと思っています。彼らの顔は今でも思い浮かびます。一緒に机を並べていた仲間にはアフリカの紛争地域やミャンマー出身の司祭もいました。故郷の風景画を送ってきた司祭もいれば、アフリカで神学校の教員や校長になって私に黙想指導を頼んできた司祭もいます。実際に東京まで訪ねてきた司祭もいれば、今でも自分の教区に遊びに来いと言ってくれる司祭も大勢います。こういったことから「ローマ留学はどうでしたか」と聞かれれば、多くの意味で「とても充実していた」というのが私の答えです。毎日が新鮮で楽しかった。

ローマは町全体が世界遺産のようなところですから、ただ散歩をしているだけでもローマ時代の遺跡から中世、近代に至るまでの史跡にあれこれ巡り合います。

ローマでは神父であるために特別扱いされることもあって、たとえばローマ教区や教皇庁が発行している司祭の身分証明書や通行証を提示すると、サンピエトロ大聖堂でさえ香部屋（ミサの準備室）まですぐに通してもらえます。それにイタリアではたいていの美術館は、聖職者は入場無料でした。これはたとえばフィレンツェでもペルージャでも同じで、聖堂は聖職者にとっての仕事場のひとつですし、美術館も西洋の文化遺産から成り立っている、調査研究のための施設でもあるので身分証明書さえあれば「どうぞ」と通してくれるのです。ローマンカラーのついた服を着ていれば、場所によっては身分証を出す必要さえありませんでした。

警察官に呼び止められたときでさえも、彼らはまず「あのね、神父さん」と言います。「神父さんを呼び止めてしまうのは申しわけないのですが」というニュアンスが、そこにはあります。

あるとき、コレジオのハウスキーパーの旦那さんが亡くなって、コレジオの同僚とローマ郊外の教会に葬儀に行った帰り道、私たちは神父四人で車を運転していました。郊外からローマ中心街に向かう道は空いていたので、のどかな風景の中を気持ちよく飛ばしていました。ところがローマ市内に入って警察がたむろしている検問所のようなところに来たところで、警察に「止まれ」と命じられました。もしかしたら制限速度を少し超えていたのかもしれません。

警察官たちが車内を覗くと、そこには正装した神父が四人いるわけです。

「何だ、神父ばかりじゃないか。急いでどこへ行くんです？」

「葬式の帰りです」

「仕方ないな。行っていいですよ」

ということで、私たちは反則切符を切られなかったのです。

あまりにあっけなく通されてしまい、「キリスト教の国って、こんな世界なのか？」と、そう思いました。もちろんこれはレアケースでしょう。スピード違反をしても、あるいはミサでワインを飲んで車を運転しても、「この人は神父だから」という理由でお咎めなしになるケースは、日本ではまずないはずです。しかし、そのようなことが実際にあることもまた事実で、そこは日本とはまるで違います。

衝突事故の現場で

他方、これとは正反対のようなエピソードもあります。

留学中に住んでいたコレジオのすぐ近くに、タバッキと呼ばれる雑貨屋がありました。その名の通りタバコや新聞、雑誌、文房具、あるいは日用品、地下鉄やバスの切符などを売っているお店です。私はそこでいつもバスや地下鉄の回数券を買っていました。

ある日の昼過ぎ、大学の帰りにその雑貨屋の前にさしかかると、路上に若い女性が倒れていました。

彼女の数メートル先にバイクが横倒しになっていて、ヘルメットも道に転がっています。そこで事故が起きたことはすぐに分かりました。バイクと車の衝突事故です。

車を運転していたのは中年男性で、彼はなかばパニックになりながら、携帯電話で誰かと話していました。警察か救急隊と話していたのでしょう。野次馬がすでに何人か集まっていて、雑貨屋の主人と奥さんも心配そうに女性を見つめていました。

私もしばらくその場にいましたが、まもなく立ち去ろうとしました。彼女の無事を願いつつ、コレジオに帰ろうとしたわけです。

すると、「神父さん、ちょっと待って」と普段は無口な雑貨屋の主人に呼び止められました。「あなたはいつもの神父さんですよね？　だったらすぐに彼女のところへ行って祈ってあげてください。そこで人が倒れているのが分かるでしょう？」

私は「自分は医者ではないし、もうじきに救急車が来るはずだ。まして外国人の私が余計なことをすれば、かえって面倒になったりして良くないだろうから、今はとにかく救急車を待つしかない」などと考えていたのです。

そのとき、雑貨屋の旦那さんが毅然とした口調で、「早く祈ってくれ、命が危ないかもしれない」と言いました。

横っ面に張り手をくらったほどの衝撃

カトリック教会には、急病人や重い病気を患っている人に聖別された油（病者のための油）を塗っていまます。ですから、司祭は必要に応じてこの油を持ち歩くよう教会法では規定されています。しかし、そのとき私は教会を受け持つ司祭ではなく、ただの留学生の身でしたので油など持ち歩いていませんでした。それで、「今すぐそこで彼女のために祈ってくれ」と言われたときには一瞬躊躇しました。今はみんなで彼女の無事を祈るしかないじゃないか。そう思いました。しかし、その直後「あっ」と気づきました。

「自分は何者なのか。何のためにここに来ているのか」

私がはるばるローマまで来た目的は何かといえば、キリストに呼ばれて司祭となったから、そして人々を救うため、霊魂の救いのためです。それなのに、いつの間にか目的を見失っていて、「今は勉強さえしていればいい」と思い込んでいたのです。

そのことにハタと思い至って、すぐにその人のそばに駆け寄って声をかけて祈り始めました。たとえば日本では、交通事故現場でお坊さんが念仏を唱えれば、引導を渡すようなことになりかねません。しかし、カトリックの国ではそれとは違って、私が司祭として彼女の無事を願って祈っていることは、そこにいる誰もが分かります。幸い彼女には息がありました。私が祈っていると、周りにいた人たちもみな祈り始めました。車を運転していた中年男性はなおも動転した様子で携帯電話を片手にあれこれ話していたものの、気がつけばみんなと同じように彼女の方に向き直って祈るように両手を合わせていました。祈りには彼を落ち着かせる効果もあったのです。

いずれにしても、「今すぐそこで倒れている人のために祈れ」という雑貨屋のご主人の言葉は、私には横っ面に張り手をくらったほどの衝撃がありました。このときのインパクトは、ローマ教皇を初めてこの目で見たときよりもずっと鮮烈でした。

あの雑貨屋のご夫婦には今も感謝しています。あなたたちのおかげで初心に返ることができたと、そう思うのです。

私が初めて見たローマ教皇

私が初めて見たローマ教皇は、ベネディクト一六世でした。東京からローマに着いた直後、長崎教区のT神父に助けてもらいながら在留許可申請や大学の入学手続きでローマの街を東奔西走していたときに、「あっ、教皇がいる!」と気づいたのです。

それはちょうど水曜日でした。どうして曜日を覚えているかというと、教皇は毎週水曜日の朝に決まってサンピエトロ大聖堂の前の広場で公開謁見をするからです。そのときは巡礼団の人たちが広場から大通りまで埋め尽くしていて、ちらりと教皇の姿も見えました。「ほんものだ!」と感動していたら、T神父に言われました。

「いやいや、田中神父さん。教皇様は珍しくありません。今はそれどころじゃないんですよ。早く行きましょう。急がないと事務所が閉まっちゃいます。教皇様を見たいのなら、これからいくらでも見られます。また今度来ればいいでしょう。とにかく今は急いでください」

それで渋々その場を離れたのですが、ローマでの暮らしに慣れてくると、確かに教皇が演説している姿を見ても、「ああ今日は水曜日か」「今日は日曜日か」くらいにしか思わなくなります。

サンピエトロ大聖堂で行われる祭儀では、司祭は公募で教皇のミサの手伝いをするよう要請されます。たとえば、聖体(聖別されたパン)を他の司祭たちと一緒に配ったりするのですが、そうした手伝いを私も何度もやらせていただきました。最初は本当に新鮮で、教皇がミサを行っている祭壇のすぐそばで「ローマに来て良かった」と、喜びを噛み締めていました。しかし、その新鮮な感覚もやがて薄れていきます。むしろ毎回二時間近い祭儀の終盤にはさすがにこちらもくたびれてきますし、トイレにも行きたくなります。教皇様はあのお歳で長時間、本当に大変だな、そういう思いのほうが強くなっていきました。

ローマ教皇への敬意を失うことは、もちろんありません。しかし、対面それ自体の感動は薄れていくのです。

とはいえ、それはむしろ健全なことでしょう。別の言い方をすれば、必要以上に「人」を神聖視するのは危うい。聖人にしても、また特定の聖職者やシスターへの傾倒も同じ危うさをはらんでいます。聖人はあくまで人であって、神ではありません。彼らは同じ信仰者としてその姿勢に倣う模範であっても、手の届かぬ存在ではないのです。聖母マリアでさえも同じことが言えます。神ならぬ人やモノを偶像化したり、あるいは絶対視したりする姿勢は、キリスト教の本筋から外れる行いです。その意味で、よくカトリック教会の中で見られる特定の殉教者や聖人などを過度に崇め奉るような熱狂的な運動は、自分たちが真の信仰を生きることを見失い間違った方向に走っていく危険性も内在しているといえます。特定の慣習や信心業、組織や制度を絶対視する姿勢も同様です。

ある日、サンピエトロ広場で行われた教皇のミサで聖体を配る奉仕にあたったとき、ひととおり配り終えて大聖堂内の聖体安置所へ聖体の入った容器を手にして戻ろうとした際、普段は大聖堂の入り口で無愛想な顔をして一般人を大聖堂や教皇宮殿へ通さないように見張っているスイス兵のお兄さんが、私に向かって最敬礼をしたのに驚いたことがありました。ただ、すぐその後で、彼が最敬礼したのは私の手に聖体つまりキリストの体となったパンがあったからで、それに対する表敬だったのだと気づきました。ローマでは司教でさえも珍しくはないので、ただの司祭にそこまで大袈裟に敬意を表すことなどしないと分かっていたのに、いきなり最敬礼された理由にすぐに気づけなかった自分を恥ずかしく思いました。

同じようなことは以前、ペルージャにいたときにも経験しました。夏のバカンスの時期、イタリアの司祭たちは長期間、平気で教会を留守にして遊びに出かけます。その間は信者もバカンスに出かけますから、教会に来る人も多少は減ります。そのため、カタコトのイタリア語しか話せない司祭であっても、ミサの司式さえできれば教会としては御の字ということで、「司祭の家」にいる外国人司祭もミサの司式を頼まれて、私も幾度となく出かけていきました。

留学してすぐの頃に、ペルージャ郊外の大きなサーカス小屋のような施設でミサを司式したことがありました。そこは地震で古い聖堂が使えないほどに壊れたため建て替えるまでの間のテントでした。そのテントいっぱいに集まった信者さんを前にカタコトのイタリア語で私は恐る恐るミサを司式しました。ミサのクライマックスにさしかかり、パンと葡萄酒を掲げて祈る段にきたときでした。大勢の人々の視線を痛いほど感じたと思った次の瞬間、みな、私が両手で掲げた聖体を前に一斉にひざまずいて頭を垂れたのです。それは実に伝統的な教会の仕草なのですが、彼らがいかにキリストの体となったパンと葡萄酒に心底意識を集中させていたのか、そのときの緊張感、人々の信仰の熱意を今も忘れずに覚えています。

私たちはいかなる人をも絶対視してはならない。唯一、絶対視してよいのは神、キリストのみだ、そう思ったのです。

「どこの組織にも面倒はありますよ」

私がローマで過ごしたのは、二〇一一年から二〇一四年までの約四年間です。繰り返しになりますが、その四年間はすばらしく充実した日々でした。もっと言えば、ローマにいた頃の私は「日本には帰りたくない」と思っていました。聖職者が優遇される世界でぜいたくをしたいというのではありません。そう感じていた理由をひとことで言えば、先にお話ししたような神学校時代からの教会内の人間関係の難しさや、その延長としての日本の教会組織への疑問です。

ローマ留学が終わりにさしかかったある日、「どこか宣教会や修道会を紹介してもらって別の世界に行きたい」という話を、当時、霊的指導でお世話になっていた神父さんにしたことがあります。

そのとき彼は、「だったら私たちの会に来ますか」と言ってくれました。その神父は南米出身で、彼の会の本拠地は北米にありました。

しかし同時に、「どこの組織に行っても面倒はありますよ」と諭されました。

「あなたをローマへ送ってくれた人たちがいるのだから、まずは東京に帰って、その人たちと会ってよく話してみて、それから身の振り方を考えてみたらどうですか」

そうも言われました。

ローマに行くに際しては恩師のX神父がいろいろと具体的なアドバイスをしてくれました。実はX神父も神学校を出た後、ローマに留学しています。専攻は教会法でした。ですから、彼のアドバイスは本当に役に立ちました。そしてまた、彼は幾度も私を励ましてくれました。

「君なら大丈夫だよ。イタリア語を覚える期間さえクリアできれば、あとは淡々と勉強していくだけだから」

ローマに留学した経験があって、しかも私が専攻することになっていた教会法を学んだ先達に「君なら大丈夫」と言われたのは、本当に心強かったし、本当にありがたいことでした。

また、二〇一一年の春、成田空港に見送りに来てくれたもうひとりの恩師のF神父から「君を見送ってくれた人は、また君の帰りをまっているよ」と言われた言葉も蘇ってきました。

確かにそうだと、私はその言葉をありがたく受け入れました。

ローマから帰って今日まで約一〇年間、私はずっと同じ教会組織にいます。なかなか信仰の感覚を共有できず、教会での人間関係でつまずくこともあれば教会組織そのものに失望することもあります。早く今の組織を出たほうが賢明かという思いに駆られたことも幾度となくあります。しかし教会で働く中で、さまざまな人々との出会いに恵まれてきたのも確かです。自分自身もこの道を歩み続けているがゆえに信仰者として成長できた面も多くあります。私は、キリストの教えそのものに失望したわけではありませんし、ましてや神に失望することはまったくありませんでした。そこは切り離して考えて、自分は組織ではなくキリストに救いを求めてくる人のために司祭になったのだという思いを胸に、腐らず自分にできることに日々取り組んでいます。

終章

キリスト教は今、本物かどうか問われている

救われざる人たち

せっかくローマで教会法を学んだのだから——ということで、帰国後に私が最初に取り組んだのは教会の結婚の問題、特に離婚者、再婚者の司牧的ケアに関しての活動でした。

周知のとおり、カトリック教会は離婚を認めていません。そのために離婚した人たち、中でも離婚した後に教会外で再婚した人たちは信者としての権利が制限され、いろいろと苦しい思いをしていました。たとえば彼らはもはや秘跡に与ることや教会の役職に就くことができないとされています。死が目前に迫っているときには例外的に秘跡に与れるとされているのですが、いずれにしても特に離婚再婚者への秘跡の制約、信者としての立場についての原則は厳しく融通がきかないものでした。ただ、少なくとも教会法には「離婚者、離婚再婚者は秘跡に与ることはできない」という直接的な条文はなく、ある法文の伝統的な解釈における拡大適用に依拠していました。

離婚をしてはいけない。これはイエスの言葉に基づいた教えです。

「人は父母を離れてその妻と結ばれ、ふたりは一体となる」

「神が結び合わせてくださったものを、人は離してはならない」

イエスはそう言っていて、教会がこの言葉から逸脱できないのは当然です。しかし、たとえば夫から日常的に暴力を受けてきた女性が離婚したとき、「あなたは神の教えに背いた」とは言えないはずです。同様の事例はさまざまにあるでしょう。

あるいは離婚したあとに新たな結婚をすることについて、イエスはこう言っています。

「不法な結婚でもないのに妻を離縁して、他の女を妻とする者は、姦通の罪を犯すことになる」

この言葉を根拠に、一〇〇〇年近く前からずっとカトリック教会は、教会とは関係なく婚姻関係を持ったり、教会で結婚した後に離婚し再婚した者を「非道徳な生き方をしている人、汚辱者（おじょくしゃ）のようなもの」と単純に捉えてきました。

「有効な結婚をした男女には絆が生まれる。その絆は、たとえその男女が別々に暮らすようになっても失われない」

カトリックでは伝統的にそのように考えられてきました。つまり、離婚したあとに教会の措置なくして再婚した人が、いわば「日常的に不倫を繰り返している人」と見なされていたのはそのためです。

そこでカトリック教会は最初から結婚そのものが不法、厳密には無効であったことを裁判で証明するという解決策をとってきました。ただし、これが教会にとって真に良い解決法なのかどうかは議論の余地があります。

教会の本来の姿を取り戻せ

根本的に離婚者や離婚再婚者を救う道はないのか。そうした問題意識が私には神学生だった頃からあって、そのためにローマに行く前から関連資料をあれこれ調べていました。ローマでも修士論文のテーマとしてそのことを研究しました。その結果、分かったのは「離婚再婚者のような立場の信者が教会の奉仕から除外される、いわば救われない状況に置かれるのが正しいとは、一概に断定できるものではない」ということです。

かねてより、「今のままではいけない」という意見は多数ありました。たとえば教皇ヨハネ・パウロ二世は、離婚再婚者が相互扶助や子どもの養育や親の看護などの理由で再婚状態を解消できずとも、男女関係を悔い改めて兄弟姉妹のように生きることを誓えるのであれば、秘跡は授与できるという例外的な原則を示しました。実はこれは大昔から教会に存在する伝統的な対処法のひとつでした。次の教皇ベネディクト一六世もその方針を踏襲しましたが、当時の教皇庁の離婚再婚者に対する基本的な考え方、秘跡に関する扱いの基準は非常に厳しいものに変わりありませんでした。

ところが今の教皇フランシスコは、教皇に選出されてすぐにこの問題に取り組みました。家庭をめぐる課題に関する二度の世界規模の討議（シノドス）を経て、「離婚再婚者が秘跡に与れる基準は画一的なものであるべきでない」という立場を示し、二〇一六年四月、「彼らをひとくくりにするのは教会にふさわしい態度ではない」ということを『愛のよろこび』という公文書の中で表明しました。

そこには、およそ以下のような指摘もありました。

「それぞれの人たちの内面、それぞれの人たちの生活の状態、その人の『今』を見なさい」

「離婚再婚者については、たったひとつのモノサシで結論を下してはいけない」

この文書を読んだとき、私は現場の司祭にとってはまったく骨の折れる仕事だと思うと同時に、「教会はようやく解決に向けて新たな舵（かじ）を切ったのだな」という感慨もありました。

とはいえ、教皇フランシスコの示した問題解決策の基本は、やはり伝統的な考え方に基づいています。それは、「前婚の無効を裁判で証明せよ」あるいは「他の適正手続を経て正常化せよ」ということです。前述したように、確かにそうした手立てはあって、教会裁判所に申し出れば、前婚が無効だったかどうかを審理してもらえるのです。しかしそのすべてにおいて「無効だった」という判決が出るかと言われれば、必ずしもそうではありません。結婚生活がうまくいかなかったのには正当な原因があるのだといって都合よく簡単に無効だとはならないのです。細かい話は省略しますが、教会裁判所における婚姻無効宣言は、婚姻時点での問題、つまり無効原因を調査、審理します。そのため現在の結婚生活が破綻している現実から判断する破綻主義をとっている日本の民法上の判断基準よりずっとハードルが高いのです。

離婚再婚者に関する教皇フランシスコが示した指針に対しては、いまだに疑問や反対の声もあります。「教皇フランシスコは異端的な考えを広めようとしている」という極端な発言をしている聖職者や神学者もいるようで、問題の根本的な解決への道はまだまだ険しいところがあります。

しかしそれでも、現教皇から明確な指針が新たに示された以上、カトリック教会は少しずつでも確実に、正義に向かって歩（ほ）を進めていけるはずだと、私は期待しています。

教会裁判所の裁判官として

本書の第七章でも、また先ほどのカトリック信者の結婚の話題の中でも、教会裁判所という言葉が出てきましたが、カトリック教会には非常に古い時代から教会固有の司法機関、裁判所というものが存在します。ここでヨーロッパの法律の歴史、中でも訴訟法の歴史を説明するつもりはありませんが、主にローマ法の伝統を受け継いだカトリック教会は、中世にカノン法と呼ばれる法体系を発展させていきました。その中で訴訟法を確立させ、それが近代ヨーロッパの訴訟法の基礎となっていったことが知られています。カトリック教会の裁判組織は、古くからローマをはじめ、各教区において司教のもとで民事刑事さまざまな事案を扱ってきました。その中でも非常に早い時期にローマ教皇庁に設立されたのが内赦院（ないしゃいん）と呼ばれる組織です。これは専ら信者の霊魂の救いのため、良心・罪の問題を裁定する内的法廷の組織として設立され、現在もそのままの形で機能し続けています。一方、ローマ教皇庁における外的な問題、すなわち民事刑事事件を裁く法廷は、基本的にロタ・ロマーナと呼ばれる裁判所の管轄とされています。

私が、ローマで教会法の学位を取った第一の目的は、先述したとおり東京教区にある教会裁判所（教皇庁の裁判所ロタ・ロマーナの下級審に当たる東京管区教会裁判所）の裁判官として次世代の役務を担うためでした。ですから四〇年近く管区裁判所長を務めている現教区法務代理（司教が持つ司法権の代行者）のZ神父は私の帰りを心から喜んでくれました。私はZ神父が裁判活動全体を指揮する教会裁判所に裁判官として二〇一四年に着任して以来、これまで一〇〇件を超す請願書に目を通し、数十件の裁判を担当し、その一件一件で関係者からの事情聴取など調査活動を行い、かなりの量の判決文や調査報告書を書いてきました。そのほとんどが婚姻関連の民事訴訟ですが、中には聖職者を辞めた人の還俗(げんぞく)を教皇庁に申請するための手続きもありました。

こうして、ときには雪の降りしきる札幌や新潟にも行き、さらには米軍キャンプにも行きました。カトリック教会では、海外の教会裁判所からの協力要請で調査にあたる場合もあるからです。

すべての事案はそれぞれに複雑な人間模様を呈しており、単純といえる事件などひとつもありません。その一つひとつの事件における人々の心の動きに寄り添い、結婚時点での各自の思惑などを把握することで多くの人々の人生の歩みに触れてきました。裁判では特に当事者及び関係者と丁寧に向き合い、感情まかせではなく冷静に真実が何なのか見定める苦労を辛抱強く続けてきました。もちろん面倒だと言って適当に済ませることもできたかもしれません。あるいは最初から結論ありきで、単純にシナリオに沿った証言しか集めないというい加減なこともできるでしょう。しかし丁寧に向き合わないと、本当のことは何も分からず、確度の高い内容の判決など責任を持って出せないのです。

教会裁判所の任務の中で感じることは、婚姻破綻の原因や司祭の離職そのものは、信者個人の抱える弱さだけによるのではなく、教会の落ち度、つまり信者とその家庭への司牧的配慮の不足や教会組織内部の体質的な問題にもよるものも大いにあるということです。

裁判では、まったく非協力的な人からはじまり、不誠実でいい加減な対応しかしてくれない人、なかば自分勝手で都合のいい人もいれば、過去の出来事を誠実に振り返って反省する人、誠心誠意証言協力してくれる人、涙ながらに真実を語ってくれる人、裁判をきっかけに教会の信仰生活に立ち返った人などいろいろな人に出会ってきました。

私にとって、教会裁判所の裁判官として判決の言い渡しをするときは、司祭となった生きがいを感じることができる瞬間のひとつとなっています。なぜなら、それは他の秘跡的な祭儀のときと同様に、ここからこの人の霊魂の救いが再び始まる奉仕ができたのだと思える瞬間だからです。

特定行政書士資格を取った理由

ローマで学んだ経験を生かすため、私は、先述したように日本ではそれまで僅少だった教会法に関する書籍をはじめ聖書や典礼に関する本をいくつも出版してきました。日本の教会の問題の根底にあるのは福音的な共同体としての未発達、絶対的な情報量の不足や教育不足からくる信者の未成熟、歴史や伝統を顧みないことからくる信仰の感覚の歪みや鈍麻(どんま)、霊的貧困にあると思っていたからです。その甲斐あってか、私は二〇一六年から上智大学の神学部で、二〇一八年からは南山大学の文学部キリスト教学科(在名古屋教皇庁認可神学部)で、二〇一九年からは日本カトリック神学院でずっと講師をしています。

教えているのは主に教会法ですが、実は講師になったばかりの頃の私には、「日本の法律から見れば」という視点がほとんど欠落していました。しかし、講義をしていくうち、神学校で司祭を目指す神学生だけに内々の話として教会法を教えるだけならまだしも、一般の大学生、つまり信徒の学生、未信者の学生、さらに法学部で学んでいる学生も受講するような一般大学の講座では、在野に生きる人たちに単に教会法の条文だけを話してもあまり意味はなく、むしろ人々が生活する社会や国家の法律との関係性を考慮した話ができて初めて有意義であると気づいたのです。

前述したとおり、私は理工学部出身です。法学部の学生たちが学ぶ内容をほとんど知らないまま司祭になり、ローマに留学したわけです。ですから、上智大学で教えるようになってから「日本の憲法ではこう言われているが」とか、「民法では」「民事訴訟法では」「行政法に照らして言えば」などという話が初めはほとんどできませんでした。これでは学生たちの知識は深まらない。実は、現代の教会法典の条文の中には、「国家法上の規定に従う」とか「国家法上有効とされる云々」といった文言がたびたび見られます。ですからたとえば日本の民法を知らずして教会法を完全に人々に説明できる、あるいは実践できるとは言えないのです。教会の神父が、宗教的な良い話や教義、聖書の解説だけを語っていても、現実社会に生きる信者が救われる具体的な解決策には必ずしもつながらないのです。

司祭として信者と接している中でも、一般の法律の知識が必要だと思うことが最近よくあります。たとえば贈与や相続の問題、独り身の方の老後の不安、さらに「自分が死んだらお墓はどうなりますか」といった具体的な相談を受けることがあるのですが、そうした問題で手助けをするためには、やはり教会法以上に日本の法律や社会のことをよく知っていなければなりません。

もうひとつ、今の日本の教会には外国籍の信者もたくさんいます。彼らの話をあれこれ聞いているうちに、外国人が日本に居住するためのハードルが相当に高いことを私は知りました。ご存じのとおり近年は難民の問題も増えていて入管法が改正されるたびに話題になっています。

在留外国人に関連する法律は、どんな建て付けになっているのか。在留資格の申請には何が必要なのか。不許可処分に対してどういう対策があるのか。国の方針はどうか。こうしたことを知っていれば、外国籍の信者たちに何かあったとき、より親身に話せるはずです。

そうした理由で、私は大学の教壇に立つようになってから教会の現場で役に立ちそうな法律の勉強を基礎からやり始めました。こうして特定行政書士の国家資格をはじめ墓地や埋火葬に関する資格、終活に関する資格などを取りました。それ以来、難民の問題や終活のあり方について、あるいは生活保護など社会制度について多くのことを勉強しています。こうした勉強を通じて日本の法律や社会の状況をより正確に理解することができるようになりました。今は入管の申請取次資格も取得して外国人のサポートの話もでき、また相続など終活の支援のアドバイス、さらに著作権についての相談にも応じることができるようにもなりました。少なくともそれらの問題に関しては本業が司祭であるため実務こそしませんが、信者に具体的なアドバイスができるようになったわけです。さらにはこの法律への関心と知識は、結果として教会裁判所での実務にも非常に役立つこととなりました。

とはいえ私にできることは、もちろん限られています。何か問題が起きたとき、私の手には負えないようなケースも少なからずあります。しかしそれでも、分からないといって終わるのではなく、この問題についてはこの専門家につなげばいいなというアイデア、そして人脈を持てたことは人々に寄り添う力となっていて相応の収穫であったと思っています。

某ミッションスクールでは

キリスト教の問題についてもうひとつ言えば、これは日本だけの問題でないのかもしれませんが、日本のミッションスクールは今や本来の役割を失っていると言わざるを得ません。キリスト教精神の肝心なところが本当に教えられているのか、前々から大いに疑問が持たれていました。

以前、某ミッションスクールに勤務している人のレポートを読んだ際に、その学校には約一〇〇〇人以上の学生がいて、そのうち信者はわずか五人だそうです。宗教科の教員三人のうち、信者はひとりだけ。さらに校長は未信者だとそのレポートには書かれていて、思わず天を仰ぎました。そのような学校で、いったいキリスト教の何を教えているのでしょうか。その学校は本来のミッションをしているといえるのでしょうか。

キリスト教の教えに照らした宗教教育、善とは何か、悪とは何か、正義とは何か。隣人愛の実践、真に誠実な生き方とは、どのようなものなのか。校長や多くの教員が未信者である学校で、そうしたことが正しく教えられているのかはなはだ疑問です。特にミッションスクールで一般の学校同様に酷いいじめの問題が報道されたときなどは、司祭としてはもはや言葉が出ません。

これはまた別のミッションスクールの話ですが、その学校はもともと、身寄りのない少女のための教育施設が前身でした。シスターたちが行き場のない少女たちを保護し、食事を与え、教育を授けたところ、社会の安定と発展という大きな成果をもたらしたところから、その学校の歴史は始まっていたのです。しかし、それから長い年月を経た今、学生たちのほとんどはお金持ちのお嬢さんです。信者未信者も関係ない、ただ有名な受験校に変貌してしまっているわけです。教会の信者さんからは授業料が高くて信者の子どもをミッションスクールになんかとても入れられないと嘆かれたこともしばしばあります。

確かに、ミッションスクールは、長く日本の教育界の一翼を担ってきました。いわゆる高偏差値校も多数あります。しかし残念ながら、「カトリックの学校に通うと人間的に成長できる」という社会的評価は得られていません。「私の母校には本当にすばらしいシスターがいました」「神父様のおかげで心がささくれ立つような苦しい時期を乗り越えられました」などいった感謝の声も、近年はあまり多くは聞かれません。むしろその逆のほうが多いように思われます。

ミッションスクールの学生の中には、三年なり六年をその学校で過ごした記念として、洗礼を受ける人もかなりいたようです。中にはミッション系の大学や中学高校に推薦してもらうために洗礼を受ける人もいます。教会にも「私の娘がミッションスクールを受験する予定なのですが、その前に洗礼は受けられますか」という問い合わせの電話がときどき入ります。受験に有利になるだろうから、洗礼を受けておきたい――というわけです。

いずれの事例も信仰とは程遠い話です。教会は信仰とは関係のない人たちに対しては、「今のあなたには洗礼を受ける資格はない」と、はっきり告げるべきでしょう。

よく驚かれますが、教会法の条文には信仰についての厳密な要求はありません。洗礼においても、言葉や所作については中世以来、繰り返し議論されてきたので教会法をはじめ、教義学や典礼の分野でも細かく説明されているのですが、洗礼のときの法的な有効要件に「信仰」という記載はないのです。極端な話、「信仰はなくても洗礼を受けられるか」「信仰はなくても司祭になれるか」といったら、教会法上は、その答えは「イエス」になってしまう。しかしそれでは恩恵にふさわしく与れないのです。ですから、極力、秘跡の乱用は避けるべきです。

信仰の有無など法文に記載する必要もない、あって当たり前のものだということなのかもしれませんが、そもそも信仰そのものを測ることは難しいのです。それにこれで完璧などと言える信仰がどういうものなのか誰も明確に説明できるものではありません。イエスの譬え話にあるとおり、からし種のようなわずかな信仰でも、それが本物なら、莫大な成長を遂げるというダイナミズムが信仰の世界にはあるというのが現実です。秘跡的な恩恵は宗教的エリートと呼べる完璧な人にだけ与えられる褒美などではないこともまた事実なのです。

次に教会に来るのは、結婚式か葬式か

教会のミッションには、「霊魂の救い」、そのための「福音の告知」があります。実はこれは「悪の克服」と対をなしています。ですからたとえば、洗礼式では最初に「あなたは悪を捨てますか」という問答をまず行うわけです。

もちろん悪は捨てなければなりません。洗礼を受けたあとは「昨日よりは今日」「去年よりは今年」と、たとえ少しずつでも確実に悪から遠ざかり、善の領域を広げていかなければいけない。それが受洗者の歩みというものです。秘跡の恵みは自動的、機械的ではありません。

また、教会の法律では、幼児洗礼を行うときは、少なくともその人が洗礼を受けた後に教会の信仰に沿ってふさわしく育てられるという保証がないかぎり授けてはいけない、と定められています。

「すべて良い木は良い実を結び、悪い木は悪い実を結ぶ」

「良い実を結ばない木はみな、切り倒されて火に投げ込まれる」

イエスはそう言っています。

さらにカトリック教会は、第二バチカン公会議の公文書『教会憲章』の中で次のように宣言しています。

「たとえ教会に合体していても、愛にとどまらず、『からだ』では教会の懐にとどまりながらも、『心』でとどまっていない者は、救われない。教会の子らはみな、……この恵みに対して、思いとことばと

行いをもって応えないならば、救われないだけでなく、いっそう厳しく裁かれるであろう」つまり「私はキリスト教を信じています」と言うのであれば、それ相応の生き方をしなければいけないわけです。その人の信仰と生き方とは本来つながっているものです。

ところが、現実にはそうではない人もいます。信仰があるという素振りを見せつつ、実際はまるで慈しみも愛も正義もない生き方をしている人は信徒にも修道者にも聖職者にも例外なくいます。

洗礼はゴールではなくスタートであるのに、それを正しく認識していない人がしばしば目につきます。

たとえば、第六章で述べたように、カトリック教会で洗礼を受けた人はすべて、最低でも五つの掟を守らなければいけません。「ねばならない」というよりも、そうやって生きることこそが信仰者として当然の生き方のはずです。日曜日には教会でミサに与り聖体を拝領して、最低でも年に一回は罪を告白し、決められた日に断食をして、献金をし、困っている人を霊的・物的に助けなければならない。

「なかなか厳しい掟だ」

そう思う人もいるでしょう。しかし、キリスト教の信者になるというのは、「キリストの教えに従って生活を変える」ということを意味します。かくいう私も、最初に罪のゆるしの告白に行くときはかなり緊張した記憶があります。しかし、よい聴罪(ちょうざい)司祭に告白できた時の心の晴れやかさには格別なものがあります。

キリストの教えは当然として、教会の教えや規律、たとえば最低限の五つの掟を守る覚悟がない人には、洗礼を受ける資格があると果たして言えるでしょうか。

ところで幼児洗礼の場合、子どもが物心つくようになった頃に教会は初聖体式を行います。そのとき近頃はよくこんなジョークを聞くことがあります。

「次に教会に来るのは、まさか結婚式か?」

「最近は結婚するときも教会に来ない信者が多いから、次に会うときはもしかすると誰かのお葬式か?」

もしも本当に次に会うときがお葬式になってしまったとしても、むろん私はきちんと教会としてお見送りをします。しかし、亡くなったその人の霊魂が果たしてどうなるのかは分かりません。

多くの信者が行方不明

ちなみに、一度、洗礼を受けたら最後、一生取り消すことはできません。ただし形式上、信者をやめる方法はあります。やり方はふたつあって、ひとつは正式に「やめます」と宣言する方法です。つまり「自分はもうこの教えを信じない」(背教)、「教会には従う気もない」「もう教会とは関係ない」(離教)、と公に宣誓するという方法で、たとえば教会の権威者、つまり司教ないし主任司祭のところに行って証人の前で正式にそれを宣誓します。信仰は基本的に自由意志でやることなので、「やめたい」という意志を尊重して、その人が信仰を放棄したことを教会が公に記録するという方式です。

その場合、その人が洗礼を受けた場所の教会の台帳、洗礼の記録簿に「いついつどういう形で信仰を放棄することを宣言した」ということを記録します。だからといって教会の信徒名簿からその人が完全に消えるのではなくて、その人がそういう宣誓をしたという事実だけが残ります。ただ、そうした正式行為によって信仰を放棄した信者は、刑罰として信者として有していた権利、たとえば秘跡を受ける、恩典や特権を享受する、教会の公的職務に就くことなどが教会法上できなくなります。信仰を捨てたのだからそのようなサービスも結構ですというのが普通かもしれません。ただしこのような教会の制裁は、当事者が確かに回心して教会に立ち返りさえすれば解除される手続きをとることになります。教会法には原則として永久罰はないのです。

それに、イエスは、一〇〇匹の羊がいて、そのうちの九九匹の羊が正しい道を歩んでいても、一匹が失われたら、見捨てることなく、その一匹のために辛抱強く野山を探し回るのですから（ルカ一五・一－一七）、そのことをふまえると、教会としては信仰を放棄した人をも大切にしなければならないことは明白です。

信者をやめるもうひとつの方法は、洗礼の無効を教会の裁判などの手続きで確認するというものです。教会法では洗礼を形式上正しく受けている限り有効が推定されるので、有効性のための必要条件の欠如などが明らかに証明されない限り無効にはなりません。一度でも、神様が触れた恵みそのものは消えないからです。そこで、少し分かりにくいですが洗礼の取り消し、無効化ではなく、初めから洗礼が無効だったことを確認するという形をとります。

しかし、むしろそうして「やめます」という意思を伝えるのは誠実かもしれません。

二〇二二年のデータによれば、日本のカトリック信者数はおよそ四二万人です。毎週教会に来ているのは、そのうちの約一五パーセントです。

今、私がいる教会の名簿には、約一一〇〇人の信者が登録されていますが、毎週教会に来ているのは一一〇人ほどで、「復活祭とクリスマスあるいは冠婚葬祭には教会に行く」という人がさらに五パーセントから一〇パーセントいます。つまり、少なく見積もって六～七割方の信者は一年に一度も教会に来ないわけです。

さらに、名簿に名前がある信者のうちの一〇パーセントは、実は行方不明者です。今どこに住んでいるのか、そもそも存命なのか、それさえも不明なのです。そして、今の豊島区の教会に来る前、私は練馬区の北町教会に七年ほどいましたが、在任中、一度も会ったことがない信者は全体の半数近くにのぼります。こうした状況はおそらく多少の比率の違いはあれど、どこも同じで、大きな教会もその例外ではないと思います。もちろん人にはそれぞれ事情がありますから、教会に来ない、来られない人のことを簡単に良い悪いと言うことはできません。また、教会の対応にも何らかの問題があるのは確かです。

これは実は、日本特有の現象ではありません。昨今、北アメリカやヨーロッパで急速な「教会離れ」が進んでいることとも関係しており、日本も似たような状況にあります。一方、中南米やアフリカなどの地域では教会はむしろ賑わいを見せていることが統計から分かっています。

先頃、教皇フランシスコは、ローマ教皇庁の省庁再編を実施して、教皇庁の中でも福音宣教省を改組して教皇庁内の最重要部署に位置づけました。これは、現代のカトリック信者たちの心の中に本当にキリストの教えが生きているのかどうか、教皇庁も大いに危機感を抱いていることの表れであり、そのための教皇の強い意志の表れとも言えるでしょう。

宣教の失敗

教会の歴史において、最初の数世紀の宣教は、それぞれの文化・習俗にキリスト教の信仰の感覚を適合させていく仕方で展開されていました。しかし大航海時代以後、教会は自身の絶対的な価値観、信念において人々を変えてやろうという支配的な姿勢で宣教活動を展開していったと言っておおむねよいでしょう。それは西欧の哲学思想や宗教的価値観、人間観、身分制度、生活スタイル、文化や社会システムの押しつけのようなものだったのかもしれません。それらは本来のキリストの思いと異なるものであったのは事実でしょう。その後、近現代にかけて世界にキリスト教が普及していったわけですが、その全てにおいて正しく福音化がなされていったとはとても言えないでしょう。

近代の宣教においても、宣教師、聖職者は絶対的な立場にある教師あるいは支配人や役人のような存在で、信徒はいわば教えを受ける生徒、恩賜を受け取る臣民、働き手、あるいはお客さんというようないわば封建的な構図を呈していました。そして、キリスト教が普及した場所に必ず慈愛、正義、平和が樹立されてきたかというと答えはノーです。教会内を見ても同じです。教会組織の内部に、真にキリストの精神が生きていると感じ取れるのかということについても疑問があります。むしろ教会が福音化しようとしている一般社会の方がよほど健全ではないか、そう思うことさえあります。確かに教会は罪人が回心するためにあるわけですが。

ではキリスト信者はいったい何を信じてきたのでしょうか。それまでのキリスト教は、果たしてイエスの真意を実現できていたのでしょうか。教会の歴史においては、大きくふたつの極端な間違った考え方があります。ひとつは、神への信仰というものを理性の働きや実生活、経験の世界から極端に切り離してしまう精神主義的な態度（神秘主義、グノーシス主義的傾向）で、もうひとつは神と神への信仰を理性的、現実的範疇に矮小化しようとする実利主義、物質主義的な態度（ペラギウス主義的傾向）です。いずれにしても自らの生を超越的な存在へ従わせていく真の宗教的歩みから遠ざかってしまう危険性があります。このような問題はいつの時代にも信仰上の課題とされてきました。

そうしたことをふまえて、カトリック教会は第二バチカン公会議によって刷新を促され、従来の在り方を反省し、典礼祭儀は単なる儀式ではなく、神と人との信仰における対話、交わりであることが示され、すべての営みがキリストに結ばれたものであるよう促されました。すなわち教会は聖職者に管理統制される組織ではなく、すべての信者が等しくその尊厳・行動が認められる交わりの場であることを確認し、信者共通の基本的な務め（教え、治め、聖化する務め）の重要さが認識されました。こうして二〇世紀後半の宣教は、信徒使徒職の理解と深化を伴いながら、文化や民族的伝統、他の宗教的価値観を尊重した方針が取られるようになりました。人々の状況に合った仕方ですべての信者がキリストの教えを伝えるという姿勢とその取り組みが試行錯誤されてきました。

ところが、その後の工業化、技術革新、情報化の流れの中で人や物、情報の動きが急激に拡大、加速していき人々の生活や価値観、文化事情はそれまでとは一変しました。その急速な動き、変化にキリスト教の宣教や信徒へのケアも対応しきれず、人々の信仰のスタイルも世俗化の波にのみ込まれていきました。結果、急速に自己流、ご都合主義的になっていき、先進工業国を中心に教会全体としては信仰を深める姿勢、意識は鈍化してきています。また聖職者の意識改革、教会の司牧体制の刷新、積極的な宣教、信者の養成と自立、共同体の成熟も道半ばで停滞、むしろ衰退しつつあるようにも感じます。その意味で、昨今、カトリック教会では、教皇フランシスコの呼びかけから、シノドス的な教会（すべての人と共に歩む教会）への転換という教会の本性的なあり方を取り戻すようにとの促しがなされています。シノドスとは「共に歩む」という意味のギリシア語ですが、こうしたことは世界的にみても非常に喫緊の課題といえます。

実は、二〇二〇年に教皇庁の国際神学委員会が発表した神学的考察には、明白に、教会の宣教、司牧上の失敗、信仰の危機的状況についての指摘がなされています。教会は、今から本当に改革、刷新できるのかが問われています。

ガリレオ裁判の過ち――教会の政治や科学への過度の介入

ご存じのようにカトリック教会は古くから西欧諸国をはじめさまざまな地域で政治的権力と影響を及ぼし合ってきました。近現代においても教会の政治への介入とも受け取れる出来事は、教皇の発言も含めてさまざまあります。世界的な労働者の人権擁護の原動力にもなったといわれる教皇レオ一三世の教書『レールム・ノヴァールム（資本と労働の権利と義務）』は有名です。さらに近年、科学技術、特に生命倫理や環境問題に関する教書が数多く出されています。これらは教会がキリストの権威において信仰と道徳について人々を教え導く本性的な権利・義務を有していることを理由に実施されてきました。このような務めはとても重要なのですが、教会がそもそも信仰と道徳の範疇を大きく超えた政治的、社会的な言説とも取られるものを発することもあります。バチカンは国でありローマ教皇は国家元首ですから、そうした発言は十分あり得るわけですが、ただ過度の偏向とも取れる介入は教会とその構成員にとってときに適切でないように思われることがあります。

ここ数十年の日本の教会においては、教会の左傾化ではないかと指摘されるような状況も見られます。事実、本来積極的であるべき、信者の生活、特に家庭や青少年、高齢者を信仰において励まし助成するようなメッセージ、あるいは望まれるべき信者、共同体としての生活に向けた教え、声明の発出以上に、政治的、社会的な問題に対する声明、主張が頻繁に出されている印象を受ける現実はたいへん訝しく感じます。

結果として日本のような地方教会では、信仰の本質は醸成されず、信仰共同体の成熟などが積極的に促されないまま、信者が、しかも修道者までもが、政治的、社会的活動に積極的に参加するよう扇動され、そうすることで信仰者として達成感を覚えているような状況さえも見られます。しかしそうなると、教会の一定の政治的、社会的発言や主義主張とは異なる立場や考え方、物の見方をしている他の信者や聖職者は教会の見解に反対するものとされ、その居場所を失ってしまいます。私はそうして共同体内で分裂が起きたり教会を去っていく人が出たりするような現場をこの目で見てきました。しかし、これでは中世の異端審問と同じではないでしょうか。教会が霊魂の救いの場、神のいつくしみが感じられる場であることとは程遠い現実です。

本来、教会が主張できる、そして主張すべき信仰と道徳の課題、言い換えれば人間が善く生きるための教導が、政治的、社会的な議論や活動と、その優位性が取り違えられてしまっているかのように思えることがしばしばあります。これは教会として非常に危険です。民族問題や経済問題、環境問題やエネルギー政策を例に取ってもそのことが言えます。教会が真理に基づく教導をしていると言うにはエビデンスの取り上げ方にしても、対策、政策の提案の仕方にしてもその正当性に疑問をおぼえるような主張が、あたかも正当な教会の考えや教えであるかのように提示されることがあります。しかもそれらが、国連の方針や特定の国や地域の政治的、経済的な主張、特定の人々の権益を後押しするプロパガンダではないかと思えることさえあります。また各国のさまざまな政策や法制度に関する教会の批判や指摘においても同じことが言えます。それらの主張は、教会としても政治的バランスをとっているのかもしれませんが、納得のいく客観的科学的な根拠、正確な状況分析に基づく論理の正当性が判然としないと感じることがあるのは私だけではないでしょう。

はっきり言えるのは、科学や政治、経済の問題については、教会が本来信ずべき教えとして、つまり真理として人々に教えることのできる範疇、立場を超えているということです。

教会はかつて魔女や異端者をめぐって大きな過ちを犯した過去があります。その中でもガリレオの裁判は有名です。地動説をめぐる問題を単純化して語ることはできませんが、教会には、やはり肝心なこと、真理が見えていなかったのだろうと思います。実際、正義に反する非道な行いをも是としていたのは事実です。教会が、ガリレオ裁判などの過ち、自らの不当な科学や政治、また植民地における先住民への越権行為などの過ちを謝罪するのに実に二〇〇〜三〇〇年もの年月がかかっているのです。

『ボストン・グローブ』紙のスクープ

加えて、メディアの力もあってか、教会の不祥事の報道が近年増えています。聖職者によるパワハラ、モラハラ、金品の横領、性虐待などの問題が、全世界的に取り上げられています。

二〇〇二年、アメリカの『ボストン・グローブ』紙は、カトリックの聖職者による性犯罪、特に児童への性虐待をスクープしました。第一報はある司祭個人の性犯罪についてだったのですが、その後、過去に被害を受けた人たちがぞくぞくと名乗り出ました。二〇〇四年に公表された調査報告によれば、一九五〇年以降のアメリカにおける聖職者の性加害は、実に驚くべきことに一万件以上にも及びます。

当初、被疑者は四〇〇〇人以上。そのうち約四〇〇〇人が起訴され、一〇〇〇人が収監されました。現在の数字は減るどころかさらに増えています。

それだけでもきわめて罪深く悍ましいことですが、米国カトリック教会はそうした事実を長年にわたって隠蔽していました。被害者の信者を支援していた司祭のひとりは、司教から不当な制裁を受けたと聞いています。悪を退け善に生きるように教える人たちが、善悪を識別し正義に基づく行動をすることができなかったわけです。率先して正しい生き方をして人を救う、霊魂を救う立場にいる聖職者たちが、自らの欲得、保身のため、苦しみを訴える人たちの魂を殺したようなものだとも言えます。これを悪魔的な仕業と言わずして、何と言えばいいのでしょうか。

聖職者による性犯罪がアメリカだけで生じた問題であったなら、原因をアメリカ社会に帰することもできたかもしれません。しかし、『ボストン・グローブ』紙のスクープを契機に世界的なムーブメントが生まれ、同じような問題が世界各国にあることが、その後明らかにされました。

これはいわば、悪い意味での画期です。聖職者と性犯罪を結びつけて考える人は、宗教的バイアスもあってか、一九九〇年代まではまずいなかったと思います。しかし状況は一変しました。

聖職者の「悪魔的所業」

近年では、日本でも司祭の性暴力、パワハラやモラハラが問題になっています。裁判になった事例もいくつかあります。原告はいずれもカトリック信者で、彼らの訴えが嘘や単なる言いがかりでないことは、メディアの報道や裁判記録を読めば、誰にでも推測できるはずです。

私は、性被害者の支援者のひとりとして裁判を傍聴してきた者として言いますが、裁判を起こすには、よほどの覚悟が必要です。弁護士費用をはじめ、お金もかかります。裁判には面倒な手続きがたくさんあって、しかも法廷闘争は長く続きますから、モチベーションを維持していくのも容易ではありません。性被害を訴え出れば、人には決して知られたくないような忌まわしい体験が、第三者にも詳らか（つまび）にされてしまいます。それは被害者にとってとても精神的な苦痛となります。

いくつかの裁判記録に目を通すと、教会側の対応が実に不誠実だと思える様子が見て取れます。出廷した教会関係者の言動、態度に誠意を感じられないどころか、中には法廷で居眠りをして、裁判長に叱られた——などという惨憺（さんたん）たる話さえ聞かれます。

多くの教会のホームページや聖堂の外にある掲示板には、よくこうしたスローガンが掲げられています。

「教会は、弱い人、貧しい人、苦しんでいる人、困難な状況にある人に耳を傾け寄り添います」

しかし、教会内部でトラブルに巻き込まれた人が、教会組織から適当にあしらわれ、まともに取り合ってもらえず、どうにもならなくなって法律事務所に駆け込んでいる現実が世界的に見ても数多くあるのです。

政治や社会の問題に対しては率先して批判する割に、自分たちの問題に対する指摘については説明責任を果たそうとしない姿勢は、現代社会にある組織としては、もはや時代遅れでもあり、マネージメントも組織の倫理もお粗末と言わざるを得ません。

これをイエスが聞いたらどう思うでしょうか。激怒して散々説教されることでしょう。それで済めばよいのですが。キリスト信者は、イエスならどうしたか常に考えて行動すべきです。

信頼を寄せていた教会でのハラスメント、中でも性暴力の被害を受けた人には本当に深い心と体の傷が残ります。その苦しみから逃れたい一心で、悪魔憑きのような状態に陥ってしまう人さえいるのです。本来なら人々を救うべき教会とその聖職者が、性暴力、ハラスメント行為によって人々を苦しめているのだとしたら、それはまさに悪魔的所業です。

しかし、たとえば私が大学生の頃にそうした現実が明らかになっていれば、洗礼を受けていなかったでしょうか。あるいは会社に勤めていた頃に、悪魔的とも言えるレベルの教会の不祥事の多くを知っていたら、司祭の道を選ばなかったでしょうか。いいえ、真の召命、本物の信仰の恵みというものは、そうした人間的な弱さや罪深さを超えてなお教会を通じて与えられてきたのだと思うのです。教会はそうして二〇〇〇年続いてきたのです。私たちは悪魔からの挑戦に打ち勝たねばならないのです。そのために必要なのは偽物の信仰、希望、愛ではなく、本物の信仰、希望、愛なのです。

教会は忠実にキリストから託された任務を果たしているか

この問題は、聖職者が、そして全教会共同体が、果たしてどこまで忠実に自らの任務を果たしているかということとつながっているようにも思います。日々お祈りしています、日々ミサを捧げています、教会活動や聖書講座などをやっていますという司祭、信徒、修道者は数多くいるでしょう。それすらしていない人も多いかもしれません。ただ形にはまったとおりに、教会の活動を内向きな姿勢でやるだけで安住してしまっているケースが多いのではないかと思います。教会、神学校、修道院で祈ったこと、聖書や教会の教えから学んだことが実生活を善く生きることにまで結びついていない、信仰者の人生にとってさほど重要ではない、気休めのようなものになっていることは多いように思います。そうした状態は「宗教」に特有の病的傾向ともいえるでしょう。

宗教が社会にもたらす効果が、阿片のそれであっていいはずがありません。

教会は、キリストが教える真の意味での慈愛、誠実さ、寛容さを伝える地の塩、世の光になれていないのだと率直に認めるべきでしょう。教会は本来、真の意味でキリストの教えを理解し、信仰によって人間がより善く生きるための力となる働きをしなければならないはずです。組織も個人も、適切な自己批判、自らの内にある悪、不完全さを認識することができて初めて、まともな志が立てられ、刷新、成長していくことができるのです。

「本物は残る」「偽物は滅びる」

ローマ留学中に現地の人たちから何度も聞いたのは、「私は神様は信じているけれど、教会は信じていない」という言葉です。

キリスト教を月に喩えて、「明るく輝いているところ（神の教えを実践できているとき）は信用できるけれども、闇の部分までは信用できない」ということを言う人は昔からいますが、そのような不信感を募らせている信者は、おそらく近年は非常に増えています。情報技術が未発達の時代なら、組織に対する批判的な言説、不祥事は権力による情報統制で封じ込めることは簡単だったでしょう。しかしそれは組織として健全な解決方法ではありません。その上、今は情報技術が発展しているため臭いものに蓋をすることは容易ではありません。聖書の教え、教会の教義と教会の実態とがあまりに違うために、信仰の道でつまずいてしまう人々を、私は今日まで何人も目にしてきました。

カトリック教会は今、間違いなく岐路に立っています。おそらく先進国においては今後も教会から離れていく信者は増えていくだろうと思います。信者になりたいという人、聖職者を志す人も、このままではさらに右肩下がりになっていく一方でしょう。しかし、経済的に貧困な地域であれば、聖職者になることは一定の社会的、経済的地位を獲得することでもあり、それなりのメリットもあるため先進国ほどの数の減少はないかもしれません。いずれにしても、教会が本物のキリストの弟子の共同体となること、本物の信者、司祭を生み出し続けるということは容易なことではありません。

新約聖書の『使徒言行録』には、イエスの弟子たちの苦難の道がさまざまに描かれています。たとえば使徒パウロはユダヤ教から離れていく中で、異端とされ、何度も殺されそうになります。しかしそのとき、パウロのユダヤ教の師であるガマリエルは、およそこんなことを言いました。

「イエスの弟子たちのことは、放っておけばいい。彼らの計画や行動が人間から出たものなら、いずれ自滅するだろう。しかし、それが神から出たものであれば、われわれは彼らを滅ぼすことはできない」（使五・三八―三九）

この言葉が意味しているのは「本物は残る」「偽物は滅びる」ということだと、私は受け止めています。「人間から出たもの」が横行するようになれば、カトリックといえども滅んでしまうかもしれません。ヨーロッパには遺跡と化した古い教会や修道院がたくさんあります。他の教派、他の宗教もおそらく同じでしょう。本物か。偽物か。今はあらゆる宗教が、そうした問いかけに直面しているのかもしれません。

真の人間の癒やしとは

先にも述べたカトリック教会の祭儀の中でも独特な伝統的典礼行為であるエクソシズムは、これまで日本の教会においてはほとんど知られていませんでした。

現実に日本において司教から許可を受けてエクソシズムを執行した事例は、私の知る限りではこの一〇〇年のうちほんのわずかで、私が行ったもの以外は、どれも半世紀以上も前のことです。

現代の日本の教会において、この儀式書をそのまま適用するような機会がどれほどあるのかは分かりません。おそらくほとんど出番はないかもしれません。しかし、本書で論じてきたように、エクソシズムが、人が神の道に生きるための、そして救いの恵みを与える教会の秘跡に人を導くための重要な教会の典礼行為であることは明らかです。

エクソシズムは呪いでもなければ精神安定剤の代わりでもなく、まさに信仰の行為です。

いかなる時代、社会にあっても、真の人間の癒やしは、物理的手段のみならず信仰の結果与えられる精神的、霊的な賜物によってもたらされるということを忘れてはならないでしょう。教会は今日でも霊的存在、中でも数多くの悪霊とその総体とも言うべき悪魔の存在をはっきりと認めていることを改めて知っておく必要があります。実のところ教会の典礼行為は、その霊的な力の最たる聖霊の働きによって実施されているからです。

そのため教会は悪の働きから身を守るよう、また人々を守り、世界を守り、救いの恵みが実現されるよう絶えず目覚めて祈るよう勧告されているのです。

とはいえ、私個人にできるのは日々の些細な勤めだけです。

教会の司祭としての活動全体から見れば、エクソシズムもごく一部にすぎません。信者たちの喜び、悩み、迷い、悲しみ、苦しみに寄り添うこと。一人ひとりの生き方を具に見て、信仰を介して問題を解決していくこと。一緒に真に人として善い生き方を神にたずね求めて歩むこと。自分のことを棚に上げてきれいごとを言っているように聞こえるかもしれませんが、それこそが真のキリストの教会とその司祭の役割です。そのための努力を、私は天に召される日まで淡々と続けていく。そんな決意を改めて表明することをもって、本書の結びとしたいと思います。

これまで私の言動によってつまずきを与えてしまった方々には心からのゆるしを願いつつ、私の人生の中で出会ったすべての人への敬意と感謝のうちに、みなさんの幸せを祈りながら。

おわりに　本書を読まれる皆さまへお願い

私は、現役のエクソシストではありません。ですから教会からの公的な依頼を除いて、個別の悪魔祓いの依頼には直にお応えできませんので、あらかじめご了解ください。

カトリック信者をはじめキリスト信者の方におかれましては、まずご自身の所属している教会の司牧責任者に相談されたうえで、司牧者を通してご相談いただくようお願いします。

また悪魔祓いについての一般の方からの私の任地の教会への直接、あるいはお電話などでのお問い合わせは、教会の通常業務への妨げとなる恐れもありますのでご遠慮ください。

その他、万が一、悪魔憑きが疑われる方がいらっしゃいましたら、本書の事例をよく読んでご理解いただき、専門医に診察を受けた上で、まずはご自分の信じる宗教において解決されることをお勧めします。

本書が、より多くの方にとって霊魂の救いの一助となることを祈ります。

田中　昇

著者略歴

田中 昇（たなか のぼる）

カトリック東京大司教区司祭。国際エクソシスト協会会員。上智大学神学部・同大学院ならびに南山大学人文学部キリスト教学科非常勤講師、日本カトリック神学院講師。特定行政書士。

1976年、埼玉県出身。2001年、早稲田大学大学院理工学研究科修了（工学修士）。10年、日本カトリック神学院を卒業し、東京教区司祭として叙階される。14年、ローマ教皇庁立ウルバノ大学にて教会法学教授資格（教会法学修士号）を取得、東京管区教会裁判所裁判官となる。23年より、カトリック豊島教会主任司祭。『カトリック教会の祓魔式』（『南山神学』46号）、『カトリック教会は刷新できるか』（教友社）など著訳作多数。

エクソシストは語る　エクソシズムの真実

2025年2月28日　第1刷発行
2025年7月12日　第2刷発行

著　者　田中 昇

発行者　岩瀬 朗

発行所　株式会社集英社インターナショナル
〒101-0064　東京都千代田区神田猿楽町1-5-18
電話　03-5211-2632
発売所　株式会社集英社
〒101-8050　東京都千代田区一ツ橋2-5-10
電話 読者係 03-3230-6080
販売部 03-3230-6393(書店専用)
印刷所　株式会社DNP出版プロダクツ
製本所　ナショナル製本協同組合

ISBN 978-4-7976-7459-0 C0014